2023 河北省可再生能源发展报告

河北省能源局 水电水利规划设计总院 河北省能源规划研究中心 编

RENEWABLE ENERGY DEVELOPMENT
REPORT OF HEBEI PROVINCE 2023

中国经济出版社

·北京·

图书在版编目（CIP）数据

河北省可再生能源发展报告. 2023 / 河北省能源局，水电水利规划设计总院，河北省能源规划研究中心编. -- 北京：中国经济出版社，2024.9. -- ISBN 978-7-5136-7898-8

Ⅰ.F426.2

中国国家版本馆CIP数据核字第2024H2B066号

策划编辑　姜　静
责任编辑　郑　潇
责任印制　马小宾

出版发行	中国经济出版社
印 刷 者	北京富泰印刷有限责任公司
经 销 者	各地新华书店
开　　本	889mm×1194mm　1/16
印　　张	7.5
字　　数	170千字
版　　次	2024年9月第1版
印　　次	2024年9月第1次
定　　价	198.00元

广告经营许可证　京西工商广字第8179号

中国经济出版社 网址 http://epc.sinopec.com/epc/ 社址 北京市东城区安定门外大街58号 邮编 100011
本版图书如存在印装质量问题，请与本社销售中心联系调换（联系电话：010-57512564）

版权所有　盗版必究（举报电话：010-57512600）
国家版权局反盗版举报中心（举报电话：12390）　　服务热线：010-57512564

编委会
Editorial Board

主　任： 姚运涛　易跃春　周新军

副主任： 罗玉辰　赵增海　张益国　宋鑫峰

主　编： 门晓明　李晓曦　侯晓丽　郭文成　李飞飞　冯任卿
　　　　　刘镇洋　高　超　范茜勉　廖佳思　黎　特　赵俊红
　　　　　张毓清　刘俊峰　张立伟　耿　鑫　高　扬　仝　川
　　　　　张润盘　毛明阳　王悠然　任伟楠　吕艳军　高　颂

校　审： 谢宏文　胡小峰　朱方亮　张佳丽　张　磊　姜　海
　　　　　王跃峰　王　亮　李少彦　张　鹏　田子婵　乔　勇
　　　　　侯　义　阎占良　张书梅

前 言
Foreword

2023年是贯彻党的二十大精神的开局之年，是实施"十四五"规划承前启后的关键之年。以习近平同志为核心的党中央高度重视能源工作，面向经济社会发展全面绿色转型新形势，对可再生能源高质量发展作出了一系列重要部署，提出了新的要求。习近平总书记在中共中央政治局第十二次集体学习时强调，"我们要顺势而为、乘势而上，以更大力度推动我国新能源高质量发展，为中国式现代化建设提供安全可靠的能源保障，为共建清洁美丽的世界作出更大贡献"。

2023年，我国积极稳妥推进碳达峰碳中和，深入推进能源革命，加快新型能源体系建设，全年可再生能源保持高质量发展态势，取得了令人瞩目的成就，装机规模实现了两个"超一半"的历史性突破，其中累计装机容量占全国发电总装机容量比重超过50%，新增装机容量占全球可再生能源新增装机容量比重超过50%，为保障我国电力供应、促进能源转型、降低全社会用电成本发挥了重要作用。

2023年，河北省聚焦建设新型能源强省，大力推进风电、光伏、抽水蓄能、氢能等新能源开发利用，全年可再生能源新增并网装机容量2051万kW，累计并网装机容量突破9300万kW；可再生能源产业链配套能力不断增强，政策环境持续优化，一系列创新示范项目取得显著进展，为促进我国可再生能源发展、绿色低碳转型提供了有力支撑。2023年，河北省第一批大型风电光伏基地基本建成；海上风电规划布局及产业链建设有序开展；新增核准、投产抽水蓄能项目规模居全国前列；地热行业管理逐步规范，开发利用水平不断提高；氢能领域装备制造技术、制氢能力、示范应用不断取得突破；新型储能逐步有序落地，示范应用效果初显；可再生能源发展促进方式及政策体系不断完善，为可再生能源资源调查、规划、开发、建设、利用等环节提供法律保障和政策支持。

展望未来，河北省将以党的二十大和二十届三中全会精神为指引，全面贯彻习近平生态文明思想，完整准确全面贯彻新发展理念，加快构建新发展格局，以碳达峰碳中和工作为引领，健全绿色低碳发展机制，持续加强可再生能源开发，进一步加大政策支持，扎实推进可再生能源基础设施建设，为河北省新型能源强省建设和我国可再生能源高质量发展提供强劲动力。

《河北省可再生能源发展报告 2023》由河北省能源局、水电水利规划设计总院、河北省能源规划研究中心联合编写，报告共分为 12 篇，包括：发展综述、发展形势、太阳能发电、风电、抽水蓄能、生物质能、地热能、氢能、新型储能、政策要点、展望及建议、大事纪要，全面总结了 2023 年河北省可再生能源发展成就，分析研判可再生能源发展特点和趋势，为河北省可再生能源发展提出建议。在报告编写过程中，得到了上级部门、相关机构和企业的大力支持和指导，在此谨致以衷心感谢！

编委会
二〇二四年九月

目 录
Content

1　发展综述 … 1
- 1.1　2023年可再生能源发电装机情况 … 3
- 1.2　2023年可再生能源发电量情况 … 5
- 1.3　2023年可再生能源发展亮点 … 7

2　发展形势 … 11
- 2.1　世界可再生能源发展形势 … 13
- 2.2　中国可再生能源发展形势 … 13
- 2.3　河北省可再生能源发展形势 … 15

3　太阳能发电 … 21
- 3.1　资源概况 … 23
- 3.2　发展现状 … 24
- 3.3　前期工作 … 28
- 3.4　投资建设 … 30
- 3.5　运行消纳 … 31
- 3.6　技术进步 … 33
- 3.7　发展特点 … 34

4 风电	37
4.1 资源概况	39
4.2 发展现状	41
4.3 前期工作	44
4.4 投资建设	45
4.5 运行消纳	47
4.6 技术进步	49
4.7 发展特点	50

5 抽水蓄能	51
5.1 发展基础	53
5.2 专项行动	53
5.3 投资建设	54
5.4 运行情况	56
5.5 技术进步	56

6 生物质能	59
6.1 政策引导	61
6.2 资源概况	61
6.3 发展现状	62
6.4 运行情况	63
6.5 发展趋势	63

7　地热能　65

7.1	资源概况	67
7.2	发展现状	68
7.3	前期管理	68
7.4	技术进步	69
7.5	发展特点	69

8　氢能　71

8.1	发展基础	73
8.2	发展现状	73
8.3	技术进步	75
8.4	发展特点	77

9　新型储能　79

9.1	发展现状	81
9.2	前期工作	82
9.3	投资建设	83
9.4	发展特点	85

10　政策要点　87

10.1	国家综合类政策	89
10.2	国家新能源类政策	92
10.3	河北省政策	94

11 展望及建议 … 99

- 11.1 滚动性做好河北省风光资源排查 … 101
- 11.2 周期性做好新能源项目与电网资源的有效衔接 … 101
- 11.3 积极推进海上风电安全有序开发建设 … 101
- 11.4 稳妥科学推动海上光伏开发建设 … 102
- 11.5 扎实推动"千乡万村"驭风行动试点建设 … 102
- 11.6 有序推动开发区分布式新能源试点建设 … 102
- 11.7 高质量推动抽水蓄能开发建设 … 103
- 11.8 全面开展新型储能资源普查及示范推动 … 103
- 11.9 推动氢能产业高质量发展 … 103

12 大事纪要 … 105

1 发展综述

1 发展综述

截至 2023 年底，河北省可再生能源累计并网装机容量 9340 万 kW，占河北省电力总装机容量（14665.8 万 kW）的 63.7%。其中，风电 3140.9 万 kW，太阳能发电 5416.4 万 kW，生物质发电 245.3 万 kW（农林生物质 75.6 万 kW、垃圾发电 166.3 万 kW、沼气发电 3.4 万 kW），水电 483.6 万 kW（小水电 56.6 万 kW、抽水蓄能 427 万 kW），储能 53.8 万 kW。2023 年，河北省可再生能源新增并网装机容量 2050.8 万 kW，其中，风电 344.2 万 kW、太阳能发电 1561.1 万 kW、生物质发电 26.2 万 kW、水电 90.5 万 kW，储能 28.8 万 kW。

1.1　2023 年可再生能源发电装机情况

截至 2023 年底，河北省各类电源总装机容量 14665.8 万 kW，同比增长 17.8%，其中，火电装机容量 5325.8 万 kW，同比增长 3.1%；可再生能源装机容量 9340 万 kW，同比增长 28.1%，可再生能源装机增长率稳步上升。2023 年，可再生能源装机容量占全部电力装机容量的 63.7%，比 2022 年提高 5.2 个百分点。可再生能源装机容量中，水电装机容量 483.6 万 kW（含抽水蓄能 427 万 kW），同比增长 23%；风电装机容量 3140.9 万 kW，同比增长 12.3%；太阳能发电装机容量 5416.4 万 kW，同比增长 40.5%；生物质发电装机容量 245.3 万 kW，同比增长 12%。2019—2023 年河北省可再生能源装机容量及增长率变化对比见图 1.1-1；2023 年和 2022 年河北省各类电源累计装机容量见表 1.1-1；2023 年河北省各类电源装机容量及占比见图 1.1-2。

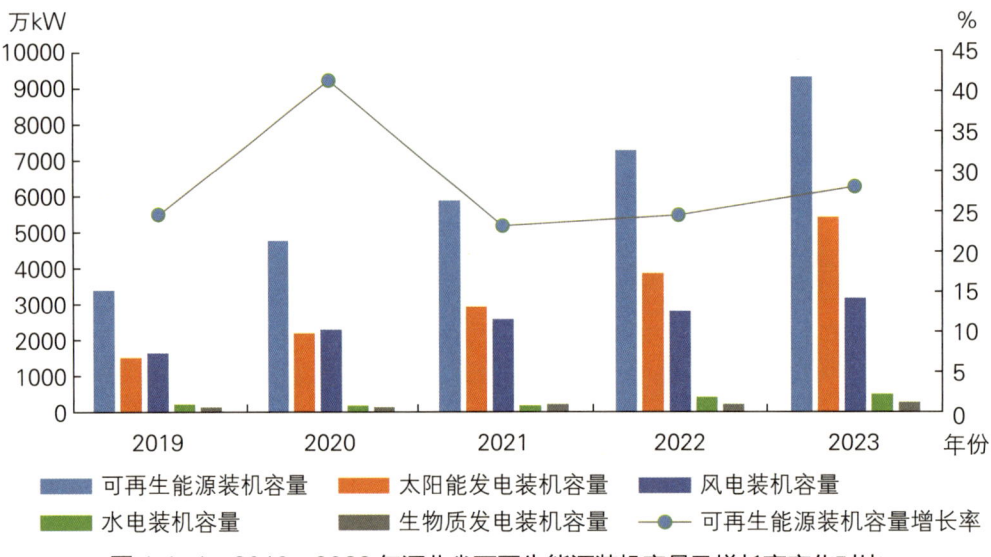

图 1.1-1　2019—2023 年河北省可再生能源装机容量及增长率变化对比

表 1.1-1　2023 年和 2022 年河北省各类电源累计装机容量

电源类型	装机容量 / 万 kW		同比增长 /%
	2023 年	2022 年	
总装机容量	14665.8	12452.7	17.8
可再生能源装机容量	9340	7289.2	28.1
太阳能发电	5416.4	3855.3	40.5
风电	3140.9	2796.7	12.3
水电	483.6	393.1	23.0
其中：抽水蓄能	427	337	26.7
生物质发电	245.3	219.1	12.0
火电	5325.8	5163.4	3.1

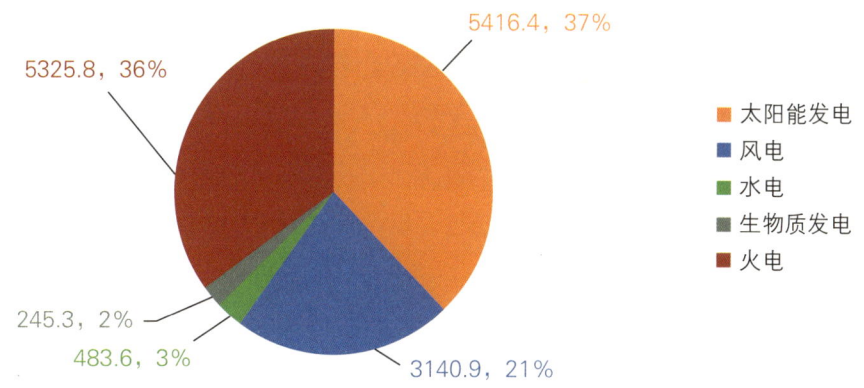

图 1.1-2 2023 年河北省各类电源装机容量（万 kW）及占比

1.2 2023 年可再生能源发电量情况

2023 年，河北省各类电源全口径总发电量 3654.2 亿 kW·h，同比增长 9.6%。其中，火电发电量 2298.1 亿 kW·h，同比增长 5.3%；可再生能源发电量 1356.1 亿 kW·h，同比增长 17.5%。可再生能源发电量中，水电发电量 58.3 亿 kW·h，同比增长 56.7%；风电发电量 650.2 亿 kW·h，同比增长 10.7%；太阳能发电量 552.7 亿 kW·h，同比增长 24.8%；生物质发电量 94.9 亿 kW·h，同比增长 9.6%。2019—2023 年河北省可再生能源发电量及增长率变化对比见图 1.2-1；2023 年和 2022 年河北省各类电源发电量见表 1.2-1；2023 年河北省各类电源发电量及占比见图 1.2-2。

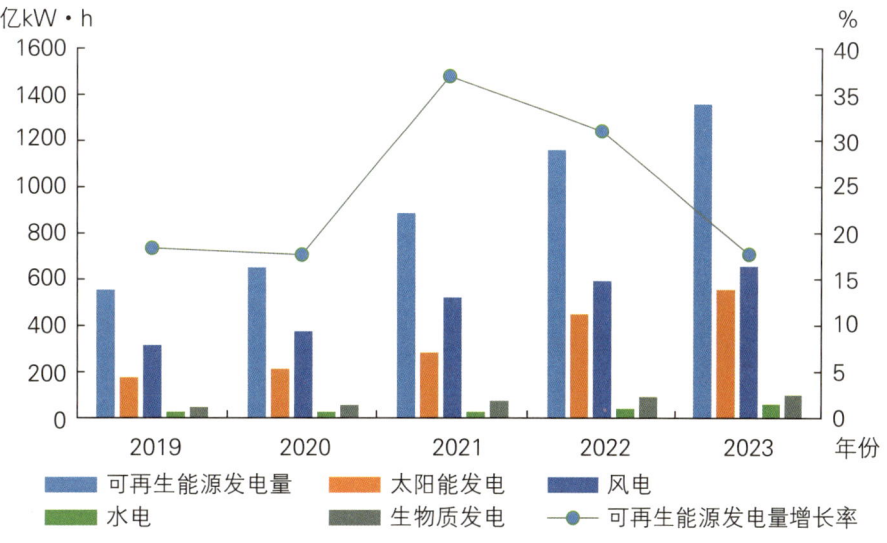

图 1.2-1 2019—2023 年河北省可再生能源发电量及增长率变化对比

表 1.2-1　2023 年和 2022 年河北省各类电源发电量

电源类型	发电量/亿 kW·h		同比增长/%
	2023 年	2022 年	
总发电量	3654.2	3335.6	9.6
可再生能源发电	1356.1	1153.9	17.5
太阳能发电	552.7	442.8	24.8
风电	650.2	587.3	10.7
水电	58.3	37.2	56.7
其中：抽水蓄能	48.6	25.5	90.6
生物质发电	94.9	86.6	9.6
火电	2298.1	2181.6	5.3

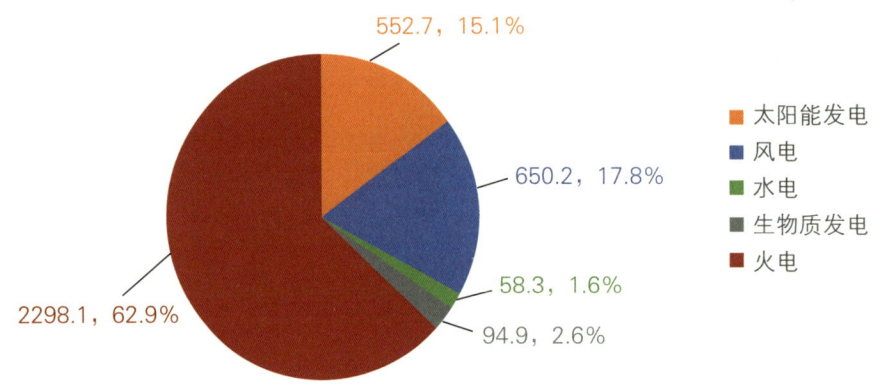

图 1.2-2　2023 年河北省各类电源发电量（亿 kW·h）及占比

2023 年，可再生能源发电量占全部发电量的 37.1%，其中，水电占 1.6%、风电占 17.8%、太阳能发电占 15.1%、生物质发电占 2.6%。2019—2023 年河北省各类电源发电量占比见图 1.2-3；2019—2023 年河北省各类电源发电量占比见表 1.2-2。

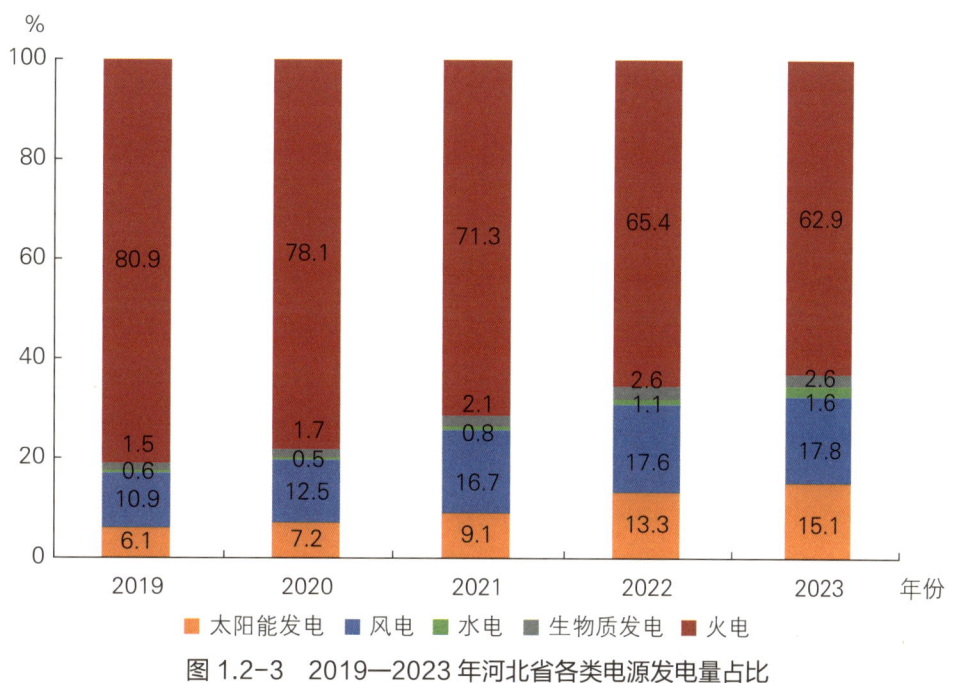

图1.2-3 2019—2023年河北省各类电源发电量占比

表1.2-2 2019—2023年河北省各类电源发电量占比

电源类型	2019年	2020年	2021年	2022年	2023年
可再生能源发电	19.1%	21.9%	28.7%	34.6%	37.1%
太阳能发电	6.1%	7.2%	9.1%	13.3%	15.1%
风电	10.9%	12.5%	16.7%	17.6%	17.8%
水电	0.6%	0.5%	0.8%	1.1%	1.6%
生物质发电	1.5%	1.7%	2.1%	2.6%	2.6%
火电	80.9%	78.1%	71.3%	65.4%	62.9%

1.3 2023年可再生能源发展亮点

1.3.1 专项行动方案推动能源绿色转型

为全面贯彻落实党的二十大精神，河北聚焦建设清洁高效、多元支撑的新型能源强省，将建设新型能源强省作为中国式现代化河北场景之一，抓住国家深入推进能源革命机遇，印发实施《加快建设新型能源强省行动方案》（2023—2027 年），配套出台抽水蓄能开发提速、风电光伏高质量跃升、海上风电有序开发、清洁火电高质量建设、坚强智能电网建设、核电项目稳步推进、天然气输储基地建设等 7 个专项行动方案，提出建设"风、光、水、火、核、储、氢"多能互补的能源格局，全力推进能源绿色低碳转型。

1.3.2 政策规范工作全国领先

为加快新型能源强省建设，推动新能源开发利用，优化能源结构，保障能源安全，推进碳达峰碳中和，促进高质量发展，河北省印发了《河北省新能源发展促进条例》，为全国首例。条例立足河北省新能源发展阶段，对发展规划、开发利用、服务保障、法律责任等方面作出规范，为河北省新能源发展提供法治支撑和保障。条例涵盖了风能、太阳能、生物质能、地热能、氢能、核能等多种新能源形式，旨在推动新能源高质量开发利用。

1.3.3 风光资源普查促进新能源项目科学有序发展

组织开展省内陆上集中式风电、光伏资源普查，统筹考虑风能太阳能资源、国土空间规划、开发建设条件、新能源用地政策等因素，明确各地市陆上集中式风电、光伏发电的剩余潜在开发区域及技术可开发量，指导各地市新能源项目科学有序开发，为后续重大项目谋划、电网建设提供有效指导，对进一步促进河北省新能源高质量发展提供有力支撑。

1.3.4 打造察汗淖尔流域"光伏 + 生态治理"示范工程

积极推进新能源项目开发与生态保护融合发展，印发《张家口市察汗淖尔流域光伏发电项目推进实施方案》，科学统筹生态安全、水安全、粮食安全、接续替代产业发展、农民增收致富诸多方面因素，在察汗淖尔流域谋划一批光伏发电项目，扎实推进区域生态保护及修复，促进绿色产业与生态保护融合发展，进一步壮大县域经济，增加群众收入，巩固脱贫攻坚成果，打造"光伏 + 生态治理"示范工程。

1.3.5 开展农村能源革命试点工作助力乡村振兴建设

立足加快农村能源清洁低碳转型、助力实现乡村振兴，围绕供给革命、消费革命、技术革命、体制革命等四方面，因地制宜创新农村可再生能源开发利用模式，积极开展农村能源革命探索，成功推动承德围场满族蒙古族自治县入选国家第一批农村能源革命试点县名单，为增强全国农村地区用能保障、提高清洁替代水平提供河北方案。

2　发展形势

2.1 世界可再生能源发展形势

在全球气候变化背景下,全球能源格局加速演变,加快可再生能源发展成为全球共识。2023年《联合国气候变化框架公约》第28次缔约方大会(COP28)就《巴黎协定》进行首次全球盘点,198个缔约方达成"阿联酋共识",呼吁各国采取积极行动,包括到2030年全球可再生能源装机容量增加2倍、全球年均能效增加1倍、尽快取消低效的化石燃料补贴等,对各国能源绿色转型和推动可再生能源发展将产生深远影响。

据国际可再生能源机构(International Renewable Energy Agency,IRENA)及国际能源署(International Energy Agency,IEA)相关数据,截至2023年底,全球可再生能源装机容量达到3870GW,同比增长13.9%,年度新增装机容量473GW,占全部新增装机容量的86%,太阳能和风能继续主导可再生能源发电能力增长。可再生能源装机容量增长幅度最大的地区主要位于亚洲、欧洲和北美洲。亚洲地区新增326GW,其中,中国可再生能源新增装机容量位居榜首,达到297.6GW,欧洲新增71.25GW,北美洲新增34.9GW,南美洲新增22.4GW,中东地区创纪录新增5.5GW,其余地区新增共计12.95GW。预计2028年全球可再生能源发电装机容量将达到7300GW。到2025年初,可再生能源将成为全球最主要的电力来源。

2.2 中国可再生能源发展形势

2023年,中国在可再生能源领域取得了显著的进展,不仅在装机容量和发电量上实现了大幅增长,而且在技术创新、政策支持和市场机制建设等方面也取得了积极成果。随着政策的持续推动和技术的不断进步,未来中国可再生能源将继续保持快速发展态势。

2.2.1 可再生能源装机容量占全国发电总装机容量比重超过 50%

截至 2023 年底,中国全口径发电总装机容量 29.2 亿 kW,其中可再生能源发电装机容量 15.17 亿 kW,同比增长约 24.9%,占全口径总发电装机容量的 51.9%,正式超过全国煤电装机容量。其中,常规水电装机容量 3.71 亿 kW,占全部发电装机容量的 12.7%;抽水蓄能装机容量 5094 万 kW,占全部发电装机容量的 1.7%;风电装机容量 4.41 亿 kW,占全部发电装机容量的 15.1%;太阳能发电装机容量 6.09 亿 kW,占全部发电装机容量的 20.9%;生物质发电装机容量 4414 万 kW,占全部发电装机容量的 1.5%。太阳能发电累计装机容量首次超过常规水电,跃居第二,仅次于煤电。以风电、太阳能发电为主的新能源总装机容量突破 10 亿 kW,成为我国可再生能源发展的主力军。

2.2.2 可再生能源发电量占全社会用电量比重超过 30%

2023 年,中国全口径总发电量 9.3 万亿 kW·h,其中可再生能源发电量 2.95 万亿 kW·h,同比增长约 8.3%,占全口径总发电量的 31.7%。可再生能源发电量中,水电发电量 12836 亿 kW·h,占全部发电量的 13.8%;风电发电量 8858 亿 kW·h,占全部发电量的 9.5%;太阳能发电量 5833 亿 kW·h,占全部发电量的 6.3%;生物质发电量 1980 亿 kW·h,占全部发电量的 2.1%。2023 年,风电、太阳能发电和生物质发电等非水可再生能源发电量 16671 亿 kW·h,占可再生能源发电量的 56.3%。2023 年,可再生能源新增发电量 2329 亿 kW·h,占我国全部新增发电量的 38.7%。

2.2.3 工程建设及装备制造不断取得新突破

工程建设方面,常规水电、抽水蓄能电站、漂浮式光伏、光伏治沙项目、高海拔风电光伏项目等一系列重大工程建设有序推进,首批"沙戈荒"大型风电光伏基地项目基本建成,全球最高海拔光伏电站、单体规模最大漂浮式光伏电站投产。在装备制造水平方面,大型冲击式转轮、大兆瓦级海上风电整机、新型高效太阳能电池、大型高效电解槽等多项核心技术实现突破,为进一步提升可再生能源开发利用效率提供有力技术支撑。

2.2.4 可再生能源政策体系不断完善

在法治化层面，重点推动《中华人民共和国国土空间规划法》《中华人民共和国能源法》和《中华人民共和国可再生能源法》（修改）列入十四届全国人大常委会立法规划第一类立法项目。在用地要素保障方面，自然资源部、国家林业和草原局、国家能源局印发《关于支持光伏发电产业发展规范用地管理有关工作的通知》《关于以第三次全国国土调查成果为基础明确林地管理边界 规范林地管理的通知》等政策文件，进一步规范新能源项目用地管理，强化用地要素保障。在市场化方面，通过《电力现货市场基本规则（试行）》等文件，规范可再生能源市场运营，并扩大新能源市场化交易。在绿证制度方面，发布《关于做好可再生能源绿色电力证书全覆盖工作 促进可再生能源电力消费的通知》。

2.3 河北省可再生能源发展形势

2.3.1 可再生能源装机容量及发电量保持高水平增长

2018—2023 年，河北省可再生能源发电装机容量平均增长率为 26.7%。从河北省电力装机情况看，可再生能源发电装机容量占总电力装机容量比重从 2018 年的 39% 提升到 2023 年的 64%，火电装机容量占总电力装机容量比重从 2018 年的 61% 下降到 2023 年的 36%。

2018—2023 年，河北省可再生能源发电装机容量及新增装机容量变化见表 2.3-1 和图 2.3-1。从装机容量增量来看，2018—2023 年可再生能源发电新增装机容量在总新增装机容量中占比普遍较高，2023 年可再生能源发电新增装机容量为 2051 万 kW，已成为省内新增电源的主体。

表 2.3-1　2018—2023 年河北省可再生能源发电装机容量及新增装机容量

指标	2018 年	2019 年	2020 年	2021 年	2022 年	2023 年
可再生能源发电装机容量 / 万 kW	2866	3369	4761	5859	7289	9340
总装机容量 / 万 kW	7411	8304	9918	11077	12453	14666
可再生能源装机容量占比 /%	39	41	48	53	59	64
新增可再生能源发电装机容量 / 万 kW	565	503	1392	1098	1430	2051
新增总装机容量 / 万 kW	604	893	1614	1159	1376	2213
新增可再生能源装机容量占新增总装机容量的比例 /%	94	56	86	95	104	93

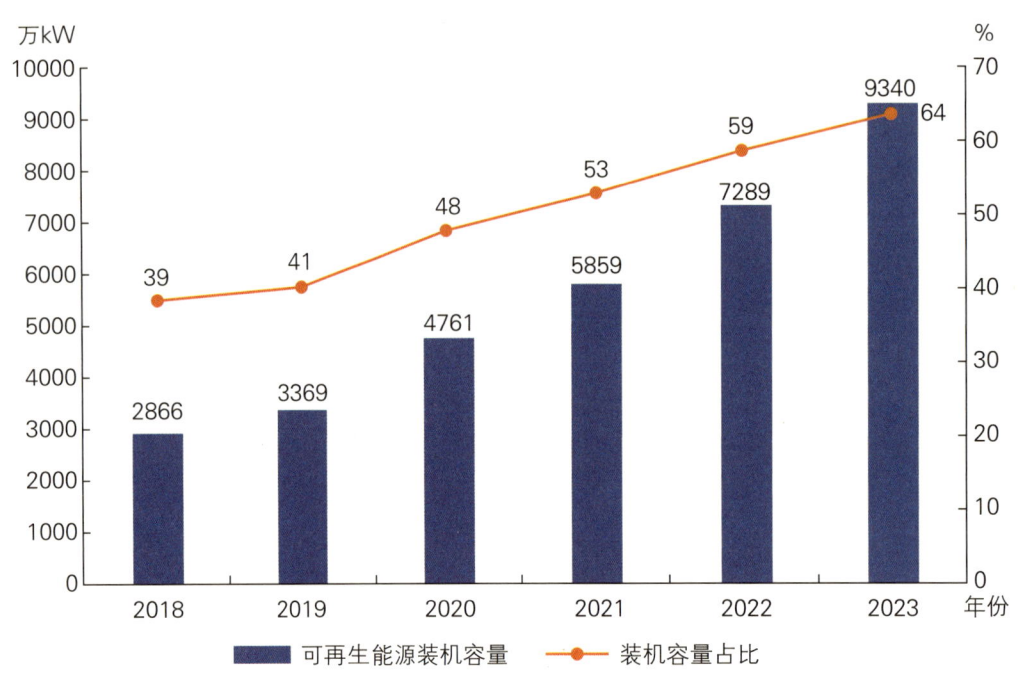

图 2.3-1　2018—2023 年河北省可再生能源发电装机容量及占比

2018—2023 年，河北省可再生能源发电量平均年增长率约 24%，可再生能源发电量占河北省电力总发电量比重从 2018 年的 17% 提升到 2023 年的 36%。

2018—2023 年，河北省可再生能源发电量及新增发电量变化见表 2.3-2 和图 2.3-2。从发电量增量来看，2023 年可再生能源发电增量在总新增发电量中占比较高，2023 年可再生能源发电量为 1356 亿 kW·h。

表 2.3-2 2018—2023 年河北省可再生能源发电量及新增发电量

指标	2018 年	2019 年	2020 年	2021 年	2022 年	2023 年
可再生能源发电量 / 亿 kW·h	464	549	645	882	1154	1356
总发电量 / 亿 kW·h	2787	2883	2945	3074	3336	3736
可再生能源发电量占比 /%	17	19	22	29	35	36
新增可再生能源发电量 / 亿 kW·h	70	85	96	237	272	202
新增总发电量 / 亿 kW·h	130	96	62	129	262	400
新增可再生能源发电量占新增总发电量的比例 /%	54	89	155	184	104	50

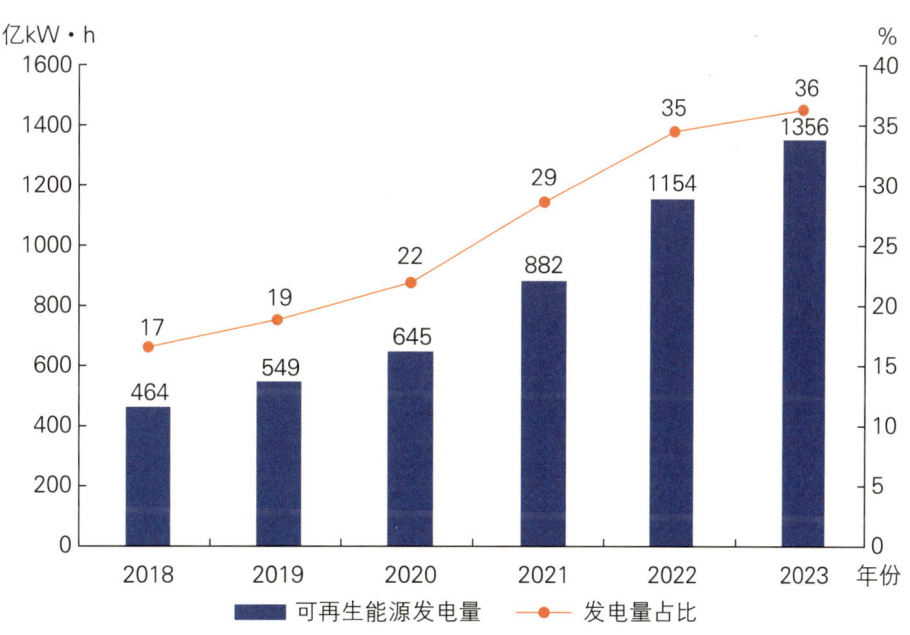

图 2.3-2 2018—2023 年河北省可再生能源发电量及占比

2.3.2 可再生能源装机以风电、太阳能发电为主

2018—2023 年，河北省风电、太阳能发电等新能源发展迅速，风电、太阳能发电装机容量及发电量在河北省可再生能源总装机容量及总发电量中占比均保持较高水平，如表 2.3-3、表 2.3-4 和图 2.3-3、图 2.3-4 所示。截至 2023 年底，河北省可再生能源累计

发电装机容量 9340 万 kW，风电、太阳能发电装机容量在可再生能源发电装机容量中的占比近 5 年始终维持在 90% 以上；2023 年可再生能源发电量 1356 亿 kW·h，同比增长 18%，风电、太阳能的发电量在可再生能源发电量中的占比近 5 年维持在 90% 左右。

表 2.3-3　2018—2023 年河北省风电、太阳能发电装机容量

指标	2018 年	2019 年	2020 年	2021 年	2022 年	2023 年
风电、光伏装机容量 / 万 kW	2610	3098	4464	5467	6652	8557
可再生能源发电装机容量 / 万 kW	2866	3369	4761	5859	7289	9340
风电、光伏装机容量占比 /%	91	92	94	93	91	92
新增风电、光伏装机容量 / 万 kW	561	488	1366	1003	1185	1905
新增可再生能源装机容量 / 万 kW	565	503	1392	1098	1430	2051
新增风电、光伏装机容量占新增可再生能源装机容量的比例 /%	99	97	98	91	83	93

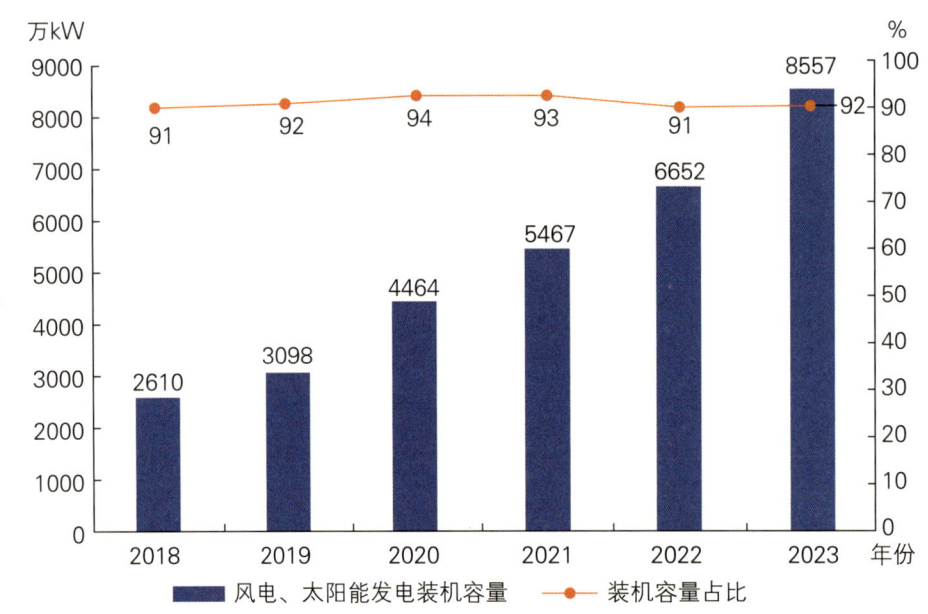

图 2.3-3　2018—2023 年河北省风电、太阳能装机容量及占比

表 2.3-4　2018—2023 年河北省风电、太阳能发电量

指标	2018年	2019年	2020年	2021年	2022年	2023年
风电、光伏发电量 / 亿 kW·h	409	490	579	790	1030	1203
可再生能源发电量 / 亿 kW·h	464	549	645	882	1154	1356
风电、光伏发电量占比 /%	88	89	90	90	89	89
新增风电、光伏发电量 / 亿 kW·h	69	81	89	211	240	173
新增可再生能源发电量 / 亿 kW·h	70	85	96	237	272	202
新增风电、光伏发电量占比 /%	99	95	93	89	88	86

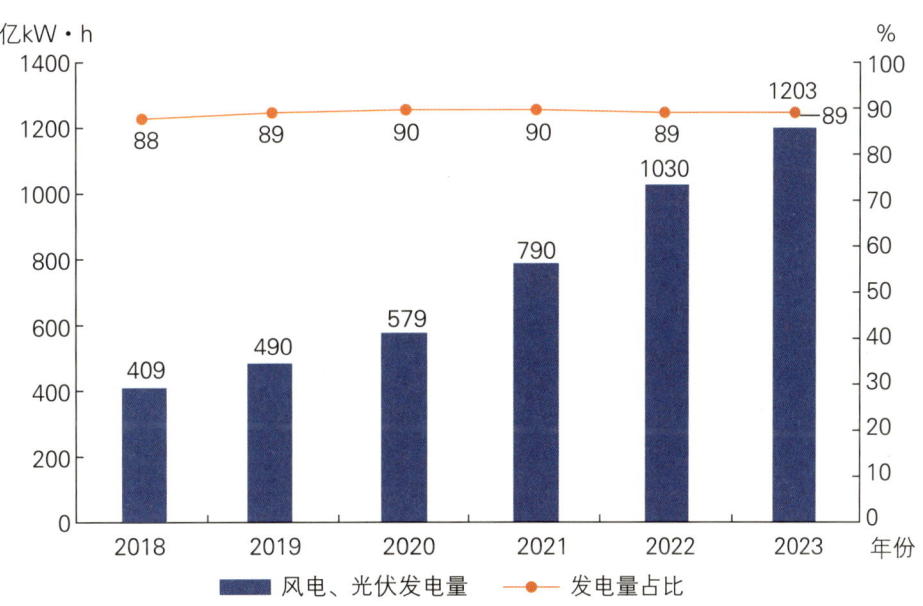

图 2.3-4　2018—2023 年河北省风电、太阳能发电量及占比

2.3.3　加强顶层设计助力新型储能稳步发展

"十四五"以来，在国家宏观政策的引领下，河北省从规范项目管理、加强调度运行、强化科技创新、重视人才培养、健全标准体系、优化市场环境、推动产业发展等方面逐步完善新型储能发展政策，目前已形成"2+3+N"的政策体系，全面促进新型储能稳步发展。截至 2023 年底，河北省已累计下达风电、光伏配套新型储能规模 1158 万 kW，其中南网

456 万 kW、北网 702 万 kW。按照《河北省风电光伏高质量发展推进方案（2023—2027年）》确定的风电、光伏投产时序要求，预计到 2025 年电源侧配建储能或共享储能实现 453 万 kW 投运规模。在电网侧独立储能方面，截至 2023 年底已批复 31 个省级电网侧独立储能示范项目，建设规模 506 万 kW。

2.3.4 坚强智能电网建设 向"绿"而行

2023 年，河北电网加快构建清洁低碳、安全高效的能源体系，稳步推进河北坚强智能电网建设。张北—胜利、陇东—山东特高压工程 2023 年 7 月河北段开工建设，大同—怀来—天津南特高压、蒙西—京津冀特高压工程各项前期工作加快推进，廊坊特高压扩建、张南扩建等 5 个 500kW 及以上电网工程建成投运。新开工牌楼、保西等 9 个 500kW 及以上电网工程，新核准雄安特高压扩建、邢台特高压扩建等 9 个 500kW 及以上电网工程。未来将持续推进主网架建设，进一步加强网架结构，提升电力保障能力和新能源接入送出能力。

2.3.5 抽水蓄能电站有序发展

河北省抽水蓄能电站规划和建设紧跟国家步伐，截至 2023 年底，河北省已投运抽蓄项目 427 万 kW，其中唐山潘家口 27 万 kW、石家庄张河湾 100 万 kW、承德丰宁 300 万 kW。在建项目 11 个，装机规模 1320 万 kW。预计到 2035 年抽水蓄能建设总规模 2930 万 kW，位居全国第一。

2.3.6 绿电交易成果显著

2023 年，河北省全面推动新型能源强省建设，严格落实支持新能源发展的政策措施，完善适应高比例新能源的市场机制，创新建立规模化新能源参与绿电市场机制，稳步推进绿色电力市场化交易，以市场化方式发现绿色电力的环境价值，引导有需求的用户直接购买绿色电力，绿电消费占比显著提升，全年绿电交易规模超过 196 亿 kW·h，居全国首位。

3　太阳能发电

3 太阳能发电

3.1 资源概况

河北省全境处于太阳能资源"很丰富带"，太阳能资源由南向北递增，张家口、承德一带资源条件最好，平均在 1500kW·h/m² 以上。其中，张承地区的西北部（康保、尚义、沽源）最高，在 1600kW·h/m² 以上。河北省太阳能资源覆盖二类资源区和三类资源区。冀北区域张家口、承德、秦皇岛、唐山市属于二类资源区，可利用小时数达到 1450~1550h，冀南区域六个市及廊坊市属于三类资源区，可利用小时数平均达到 1300h，具备地面光伏电站、屋顶分布式光伏等多种形式的开发条件，太阳能发电开发潜力大。

根据《中国风能太阳能资源年景公报（2023年）》，2023年为全国太阳能资源偏小年景，年平均水平面总辐照量约为 1496.1kW·h/m²，较近 10 年平均值偏小 1.27%（19kW·h/m²），较 2022 年偏小 67.3kW·h/m²。从空间分布看，2023 年，我国西部地区的太阳能资源优于中东部地区，新疆、内蒙古、西北地区中西部、华北北部、西藏、西南地区西部等地太阳能资源最丰富。在"十四五"重大陆上新能源基地中，新疆、河西走廊、黄河上游、黄河"几字弯"、冀北等新能源基地太阳能资源较好。

2023 年，河北省水平面总辐照量为 1466.4kW·h/m²，同比降低 4.62%；最佳斜面总辐照量为 1762kW·h/m²，同比降低 5.12%；均位居全国前三，属于 2023 年全国太阳能较丰富的地区之一。

经调查，河北省各市陆上太阳能技术可开发容量约 14278 万 kW，其中，张家口、保定、承德的可开发容量占总可开发容量的比重最大，分别为 25.02%、16.07%、12.64%。通过比较各市可用于光伏发电的未利用面积，分析出张家口、保定、承德三市未利用面积较大，项目开发条件好，可确定为河北省最适合开发光伏发电项目的 3 个区域，此外定州、辛集可确定为河北省光伏发电资源最低的 2 个区域。2023 年河北省各市集中式光伏技术可开发容量见图 3.1-1。

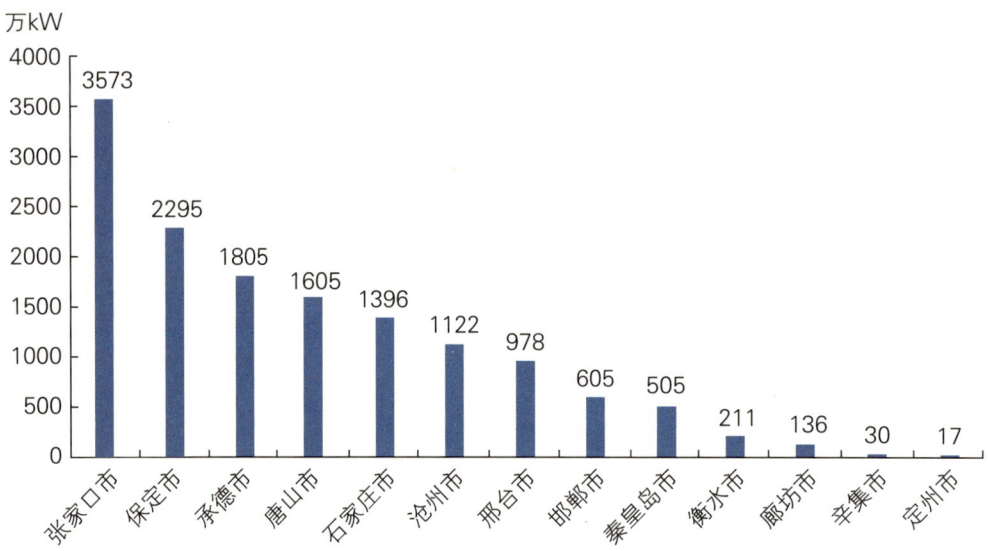

图 3.1-1　2023 年河北省各市集中式光伏技术可开发容量

3.2 发展现状

3.2.1 新增装机规模超过 1500 万 kW

2023 年，河北省新增光伏发电 1561 万 kW，累计并网容量达到 5416.4 万 kW（集中式 3023.8 万 kW、分布式 2392.6 万 kW），年增长率为 40%。其中，国网河北省电力有限公司管辖区域（以下简称河北南网）累计光伏发电并网容量 3222.5 万 kW，国网冀北电力有限公司管辖区域（以下简称冀北电网）累计光伏发电并网容量 2193.9 万 kW。2018—2023 年河北省光伏装机容量及变化趋势见图 3.2-1。

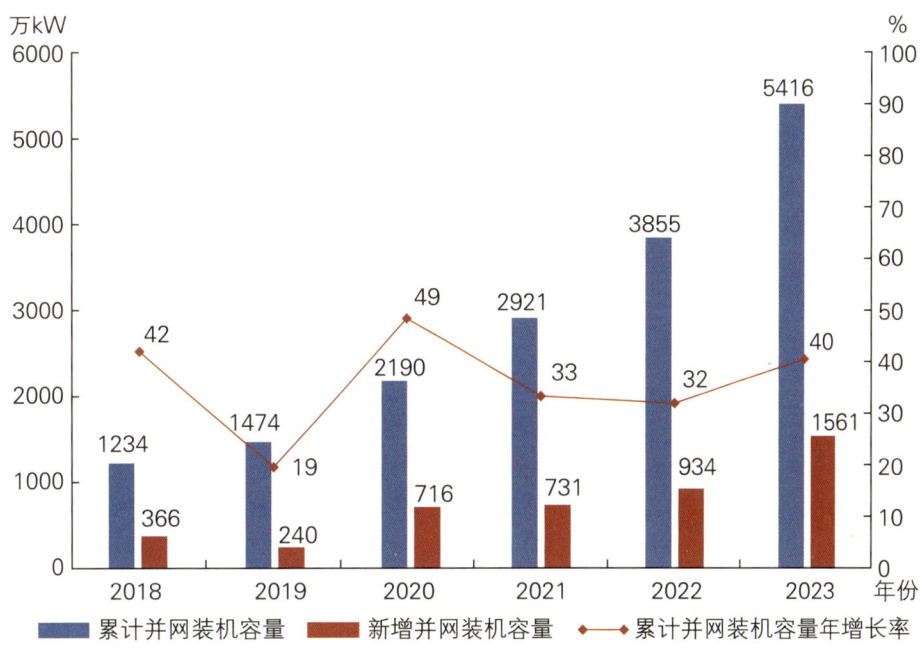

图3.2-1　2018—2023年河北省光伏装机容量及变化趋势

分市看，河北省太阳能发电装机主要集中在张家口、石家庄、保定、邢台、沧州5个市，截至2023年底，张家口、石家庄、保定、邢台、沧州五市的光伏发电并网装机容量分别为1187万kW、739万kW、683万kW、669万kW、573万kW。2023年河北省各地市光伏装机容量及变化趋势见图3.2-2。

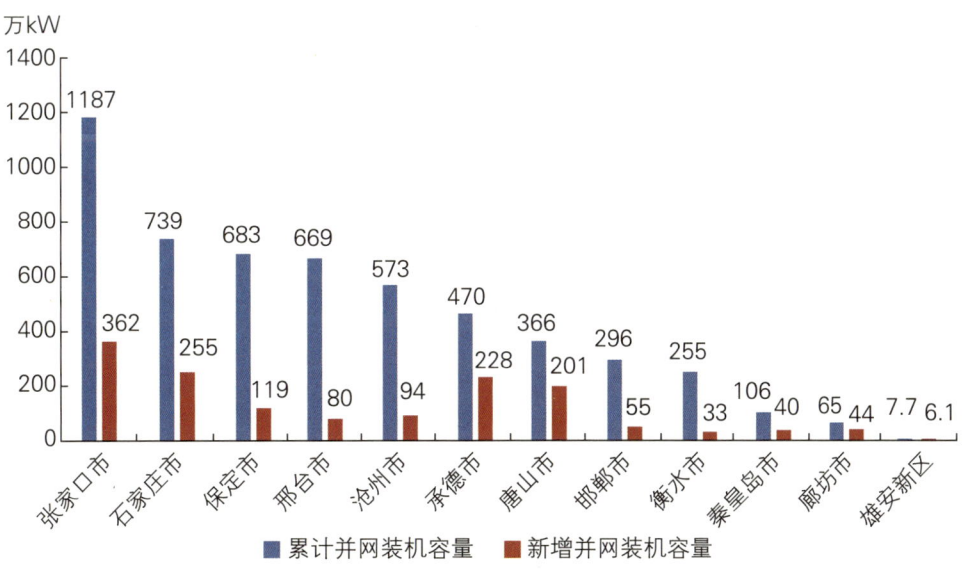

图3.2-2　2023年河北省各地市光伏装机容量及变化趋势

3.2.2 分布式光伏装机规模保持高水平增长

2023 年，河北省分布式光伏新增并网装机容量 506.76 万 kW，累计分布式光伏并网装机容量 2392.6 万 kW。其中，河北南网分布式光伏并网装机容量 1776.31 万 kW、冀北电网分布式光伏并网装机容量 616.29 万 kW。2023 年河北省分布式光伏并网规模见表 3.2-1。

表 3.2-1　2023 年河北省分布式光伏并网规模　　　　单位：万 kW

年份	合计	河北南网	冀北电网
2022	1885.84	1543.73	342.11
2023	2392.6	1776.31	616.29
增长率 /%	26.9	15.1	80.1

分市看，河北省分布式光伏发电装机主要集中在河北南网地区，其中保定、石家庄、沧州最为突出，截至 2023 年底，保定、石家庄、沧州的分布式光伏发电并网装机容量分别为 411 万 kW、339 万 kW、312 万 kW。2023 年河北省各地市分布式光伏装机容量及变化趋势见图 3.2-3。

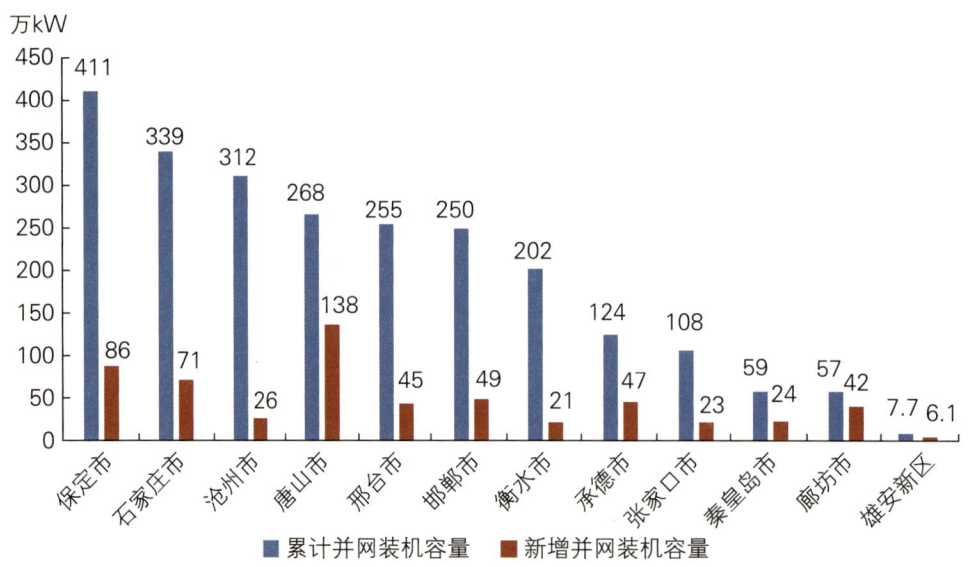

图 3.2-3　2023 年河北省各地市分布式光伏装机容量及变化趋势

3.2.3 发电量同比增长约 25%

"十四五"以来，光伏年发电量占河北省电源总发电量比重相对平稳，年发电量持续增长。2023 年，河北省光伏年发电量达到 552.7 亿 kW·h，同比增长 24.8%，占本地全部电源年发电量的 15.1%。其中，河北南网光伏年发电量达到 338.78 亿 kW·h，同比增长 26.8%；冀北电网光伏年发电量达到 213.95 亿 kW·h，同比增长 21.7%。2017—2023 年河北省光伏发电量及占比见图 3.2-4；2023 年河北省各地市光伏发电量及变化趋势见图 3.2-5。

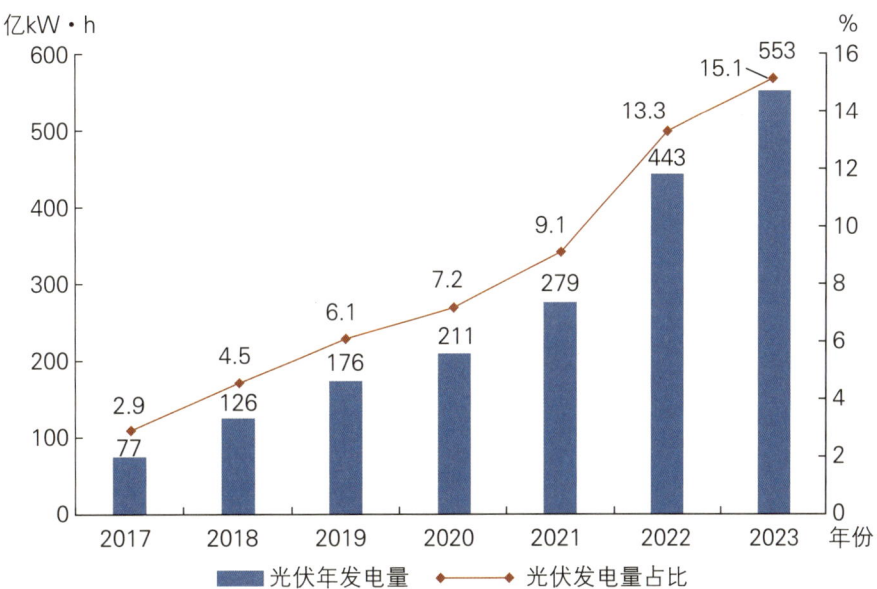

图 3.2-4　2017—2023 年河北省光伏发电量及占比

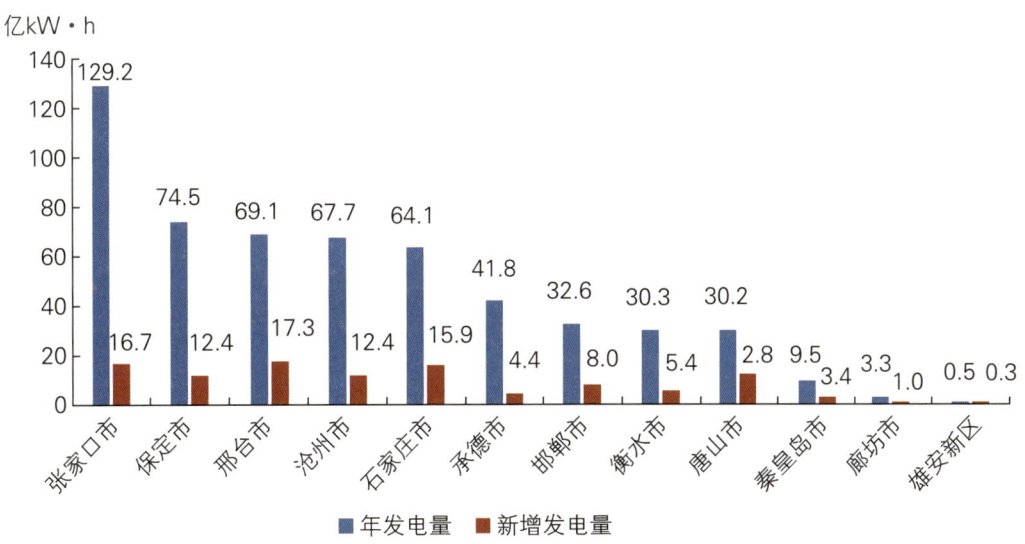

图 3.2-5　2023 年河北省各地市光伏发电量及变化趋势

3.2.4 分布式光伏发电量突破 260 亿 kW·h

截至 2023 年底，河北省分布式光伏年发电量 262.6 亿 kW·h，同比增长 26.4%。其中，河北南网分布式光伏年发电量达到 206.33 亿 kW·h，同比增长 27.3%；冀北电网光伏年发电量达到 56.26 亿 kW·h，同比增长 23.6%。2023 年河北省各地市分布式光伏发电量及变化趋势见图 3.2-6。

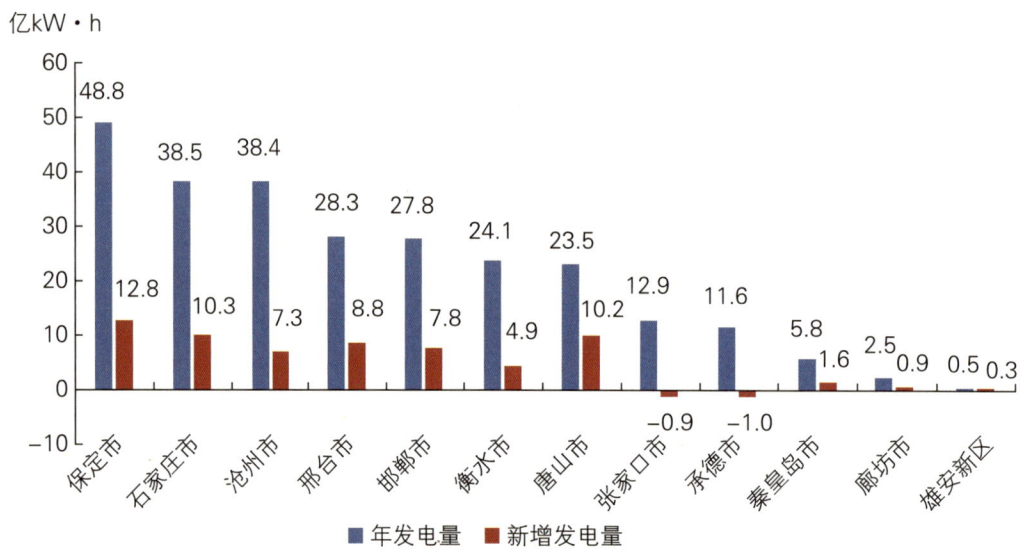

图 3.2-6 2023 年河北省各地市分布式光伏发电量及变化趋势

3.3 前期工作

3.3.1 持续推进保障性、市场化并网项目

2023 年 7 月 13 日，河北省发展改革委发布《关于下达河北省 2023 年风电、光伏发电年度开发建设方案的通知》，下达年度风电、光伏发电保障性并网项目共 159 个、1480.849 万 kW；市场化并网项目共 57 个、602.588 万 kW（多能互补 33 个、302.8 万 kW，源网荷储 24 个、299.788 万 kW）；储备类并网项目共 179 个、1934.21702 万 kW。确保保障性风电、光伏发电项目于 2025 年底前全容量建成并网，市场化项目于 2026 年底前全容量建成并网。

保障性并网项目需配置一定比例储能或购买储能调峰服务（冀北电网和河北南网分别按照 20%、15% 比例配置，时长不低于 2h）并与风光项目同步投产。市场化项目中，多能互补项目并网前需落实煤电、燃气机组新增调峰能力并经电网公司确认；源网荷储项目需按照 20%、4h 配置储能或购买储能调峰服务。

3.3.2 大力支持分布式光伏开发建设

2023 年 10 月，河北省发展改革委发布《关于组织申报地面分布式光伏项目的通知》，项目申报范围为以 10kV 及以下电压等级接入电网、装机规模 6MW 及以下的地面分布式光伏发电项目。优先鼓励在有可开放容量的县（区）谋划布局地面分布式光伏项目，在可开放容量范围内的项目免除储能配建责任；可开放容量为零的县（区）或超出可开放容量申报的项目，需通过安装电网远程调控装置、配置储能（冀北电网和河北南网分别按照 20%、15% 比例配置，时长不低于 2h）、承诺参与调峰等方式开展项目建设。2023 年 11 月，河北省发展改革委公示河北省 2023 年地面分布式光伏拟安排项目情况，共 302 个项目、规模 143.08 万 kW。

3.3.3 积极规划海上光伏项目

2023 年 9 月 27 日，国家能源局发布《关于组织开展可再生能源发展试点示范的通知》，提出海上光伏试点：主要支持在太阳能资源和建设条件好的盐田等已开发建设海域，试点推动海上光伏项目建设，通过设计、施工、运维全生命周期优化以及产业协同等措施，推动项目技术水平和经济性提升，融合相关行业发展需求，形成可复制、可推广的海上光伏开发模式，重点分析评估海上光伏方阵、桩基对海洋资源生态环境的影响，关注生态修复措施成效。

2023 年 12 月 29 日，河北省自然资源厅发布《关于规范海上光伏项目用海的通知》，提出海上光伏项目应符合各级国土空间规划和海岸带及近岸海域空间规划，严禁在生态保护红线、自然保护地、军事设施保护区及其他相关法律法规和规划明确禁止的区域内建设。认真落实《自然资源部关于探索推进海域立体分层设权工作的通知》（自然资规〔2023〕8 号）有关要求，稳妥推进"渔光互补""盐光互补""风光渔互补"等立体分层设权管理，综合开发、立体使用，最大限度节约集约利用海域资源。

3.4 投资建设

3.4.1 太阳能发电成本持续下降

2023年，河北省地面光伏系统的初始全投资成本约3.4元/W左右，其中组件约占投资成本的38.8%、非技术成本约占16.5%（不包含融资成本）。工商业分布式光伏系统的初始全投资主要由组件、逆变器、支架、电缆、建安费用、电网接入、屋顶租赁、屋顶加固以及一次设备、二次设备等部分构成。其中一次设备包括箱变、开关箱以及预制舱。2023年工商业分布式光伏系统初始投资成本为3.18元/W，2024年预计下降至3元/W以下。2023年，分布式光伏系统运维成本为0.047元/（W·a），集中式地面电站为0.039元/（W·a），较2022年小幅下降。预计未来几年地面光伏电站以及分布式系统的运维成本将略有下降。

3.4.2 组件持续占据太阳能发电主要成本

从占比来看，2023年的非技术成本在全系统成本中的占比较2022的13.56%有所提升，主要原因是2023年组件成本有较大幅度下降，导致2023年非技术成本占比上升，但从成本数据本身来看，2023年的非技术成本与2022年保持一致，为0.56元/W。预计2024年，随着组件效率稳步提升，整体系统造价将稳步降低，光伏系统初始全投资成本可下降至3.16元/W左右。

光伏发电系统建设投资主要由光伏组件、逆变器、支架、电缆等设备成本，以及建设费用、土地成本及前期开发和管理费用等构成。以河北省典型光伏电站为例，光伏组件占建设投资的40%左右，仍是最主要的构成部分。光伏发电系统的建设，根据建设方案不同，投资略有浮动，分别以平单轴、固定可调、固定式三种方案为例，2023年河北省光伏项目单位（W）建设投资构成见表3.4-1。

表 3.4-1　2023 年河北省光伏项目单位（W）建设投资构成

类型	组件+安装	支架+安装+基础	逆变器及箱变+安装+基础	其他电气（接地、调试、车辆等）	其他土建（电缆沟、围栏等）	建设用地费	升压站、集电、储能	送出线路	其他费用（管理费、生产准备费等）
平单轴	38%	18%	4%	2%	2%	4%	17%	2%	8%
固定可调	41%	16%	5%	2%	3%	3%	17%	2%	8%
固定式	43%	15%	5%	2%	3%	3%	17%	2%	8%

3.5　运行消纳

3.5.1　利用小时数保持稳定

2023 年，河北省太阳能发电年平均利用小时数为 1320h，较 2022 年减少 10h，同比下降 0.7%。其中，河北南网太阳能发电年平均利用小时数为 1244h、冀北电网太阳能发电年平均利用小时数为 1433h。2019—2023 年河北省太阳能发电利用小时数见图 3.5-1。

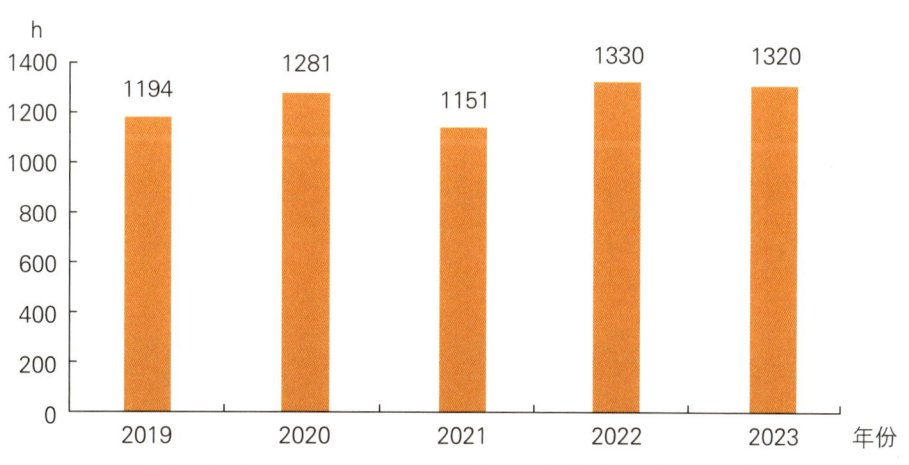

图 3.5-1　2019—2023 年河北省太阳能发电利用小时数

3.5.2 电力消纳情况小幅波动

2023年，河北省弃光电量为13.8亿kW·h，同比增加4.97亿kW·h，弃光率2.5%，同比增加0.5个百分点。其中，河北南网弃光电量为4.37亿kW·h，同比下降0.2亿kW·h；弃光率1.29%，同比下降0.42个百分点。冀北电网弃光电量为9.39亿kW·h，同比增加4.94亿kW·h；弃光率4.39%，同比增加1.86个百分点。

为改善弃光弃电情况，已采取的主要措施如下：一是项目布局持续优化。河北省按照太阳能发电市场环境监测评价结果，合理控制张承地区、保定西部、石家庄北部等限电严重地区光伏产业发展节奏。二是坚持集中式和分布式光伏发电发展并举。积极支持各地区分布式光伏发电开发，促进电力的就地消纳。三是持续提升新能源参与电力市场化交易比重，提出分时电价机制，提高跨省输电通道送电能力，进一步加强电力系统灵活性等。四是推进储能建设。传统电力系统作为实时平衡系统，灵活调节能力不足，大规模新型储能应用可以弥补此缺陷。

2019—2023年河北省光伏弃电率趋势见图3.5-2。

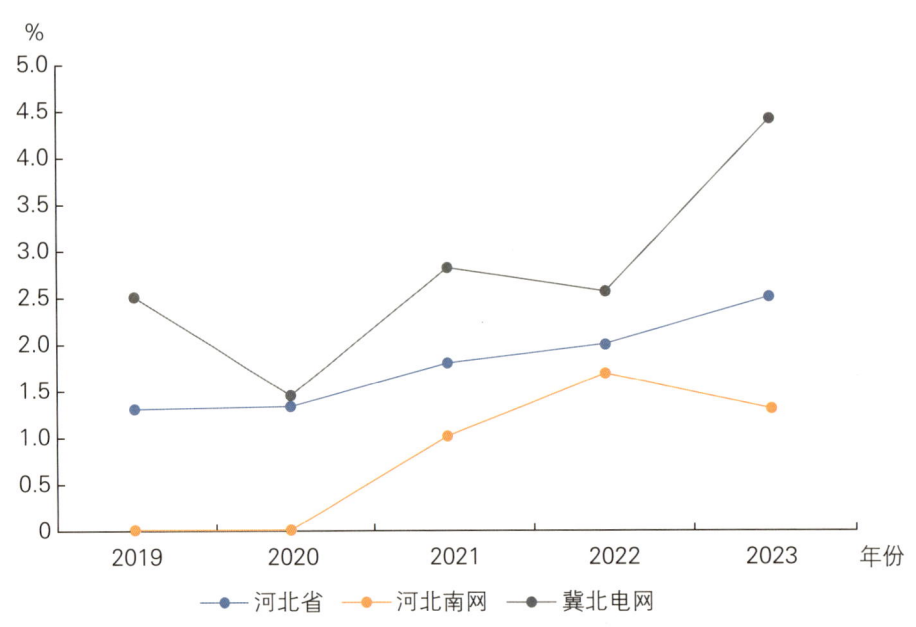

图3.5-2　2019—2023年河北省光伏弃电率趋势

3.6 技术进步

3.6.1 产业链完整，晶硅电池技术提升

晶硅电池的提效降本是光伏行业发展的关键，规模化、技术进步、成本降低三者互相促进。从最初规模化量产的铝背场电池，到 PERC（发射极钝化和背面接触），再到 HJT（本征非晶层的异质结）电池和 TOPCon（隧穿氧化层钝化接触电池），以及未来的叠层电池，光伏电池效率不断逼近极限，并由此带来成本的降低与规模的突破。

目前 P 型晶硅电池占据晶硅电池市场的绝对份额。P 型电池的 PERC 技术在单晶电池方面体现了更好的溢价优势和发展空间。然而，N 型单晶硅较常规的 P 型单晶硅具有寿命高、衰减小等优点，最高功率输出性能提高 10%~15%。因此，N 型单晶系统具有发电量高和可靠性高的双重优势。

3.6.2 智能运维模式持续提升电站发电能力

随着新型电力系统的发展，大规模的太阳能发电站融入了能源管理平台系统。利用现代信息技术，如互联网、云计算、大数据和人工智能，与新能源产业深度融合，实现智能监控、故障运维和降低成本，可保障新能源电站的发电效益。平台还与业务平台、设备管理和抄表业务相结合，拓展新兴业务，包括电量电费结算服务和设备的全生命周期管理，进一步提升企业对新能源业务的管理和资产投资保值增效能力，太阳能电站发电能力明显提升。

3.6.3 海上光伏技术快速发展

在技术方面，已有多家企业针对海上光伏项目推出了海上用组件。2023 年 2 月，晶科凭借强大的研发实力以及大量的实验验证，成功开发出全新适用于海洋环境的 n 型高效组件产品。为满足海上光伏场景的特殊要求，隆基专门开发了海上光伏产品方案，并已大规模

投入商用，凭借其产品优异的可靠性，2023 年 5 月隆基成为首批获得光伏组件差异化耐候性"国品优选"——深蓝海洋环境检测证书的企业之一。同月，华晟针对性研发并推出了喜马拉雅系列 V-ocean 海光组件以适配海上光伏电站，为海上光伏的大规模开发建设奠定了基础。

3.7 发展特点

3.7.1 太阳能发电占比提高，资源利用水平提升

2023 年河北省太阳能全年发电量 552.7 亿 kW·h，占各类电源全部发电量的 15.1%，同比提高 1.8 个百分点。其中，河北南网光伏年发电量达到 338.78 亿 kW·h，同比增长 26.8%；冀北电网光伏年发电量达到 213.95 亿 kW·h，同比增长 21.7%。

3.7.2 集中式太阳能发电呈规模化、基地化发展

河北省光伏项目规模化、基地化发展成为主流。2023 年河北省纳入国家第三批大基地项目 6 个，共计 370 万 kW，其中光伏 165 万 kW；2023 年 11 月 29 日，河北省发展改革委发布《关于申报 2023 年第四季度风电、光伏发电储备类项目的通知》，按照"统筹设计、动态调整"的原则，原则上每季度开展一次储备类项目申报入库工作，推进项目前期工作与建设实施有机衔接。各市结合风光资源情况，科学有序开展项目谋划申报，严格审核建设条件，提高项目谋划质量，优选条件成熟的项目分批入库。

3.7.3 "光伏 + 生态治理"融合发展

2023 年 12 月 18 日，河北省发展改革委印发《张家口市察汗淖尔流域光伏发电项目推进实施方案》，将张家口市察汗淖尔流域光伏发电项目打造为光伏生态修复的特色工程、亮点工程、示范工程。项目规划光伏发电装机总规模 227 万 kW，总投资约 100 亿元。结合区域电网接入和送出能力，项目建设时间为 2023—2026 年，分三期建设。其中，第一期总规模

80 万 kW，力争 2024 年底前建成投产；第二期总规模 100 万 kW，力争 2025 年底前建成投产；第三期总规模 47 万 kW，力争 2026 年底前建成投产。

2023 年 12 月 19 日，河北省发展改革委印发《关于同意张家口市察汗淖尔流域治理＋乡村振兴项目纳入 2023 年风电、光伏发电年度开发建设方案的复函》，同意张家口市申报的察汗淖尔流域光伏发电项目第一期 80 万 kW 纳入 2023 年风电、光伏发电年度开发建设方案保障性并网项目。

3.7.4　积极开展海上光伏项目示范

积极开展海上光伏规划布局，在秦皇岛市率先开展 4 个项目、总规模 180 万 kW 海上光伏资源开发示范试点工作，规划项目应于 2026 年底前建成并网。根据最新储能政策，海上光伏试点项目应按照 10%、时长不低于 4h 配置储能或购买储能调峰服务，并与光伏项目同步投产。海上光伏在"十四五"及"十五五"初期将迎来重大发展机遇期。

3.7.5　分布式光伏迅速发展

2023 年，河北省分布式光伏装机容量 2392.6 万 kW，占光伏装机容量（5416.4 万 kW）的 44.2%，位列全国第五；分布式光伏新增装机容量为 296.4 万 kW，位列全国第八。

2023 年，河北省地面分布式光伏共安排 302 个项目、规模 143 万 kW。其中，项目规模在可开放容量范围内的有 171 个，占比约 56%；项目配置储能的有 131 个，占比 43.4%；参与调峰的项目有 137 个，占比 45.3%；从项目建设规模来看，6MW 项目共 89 个，占比最高。河北省将持续研究先进技术与政策机制，大力发展分布式光伏。

4 风电

4 风电

4.1 资源概况

4.1.1 风能资源概况

河北省属于我国风能资源丰富省份之一，省内风能资源丰富区域主要分布在张家口、承德坝上地区和沿海秦皇岛、唐山、沧州地区。其中，张家口坝上地区100m高年平均风速可达5.4~8.0m/s，主要分布在康保、沽源、尚义、张北的低山丘陵区和高原台地区；承德100m高度年平均风速可达5.0~7.9m/s，主要集中在围场北部和西部、丰宁北部和西北部、平泉西部。沿海地区风能资源主要分布在秦皇岛、唐山、沧州附近海域，100m高度年平均风速在6.5~7.5m/s。张承坝上地区和唐山、沧州沿海地区为百万千瓦级风电基地。河北省风能资源技术可开发量超过8000万kW，其中陆上技术可开发量超过7000万kW、近海技术可开发量超过1000万kW。

随着风电技术的发展，越来越多的低风速地区风能资源逐步得到开发利用，其中，保定西部和北部山区，石家庄、邢台、邯郸的西部山区和东部平原地区，衡水、廊坊等地区的风能资源均具有一定的开发价值，100m高年平均风速在4.5~6.5m/s。

根据《中国风能太阳能资源年景公报（2023年）》，我国东北大部、内蒙古、华北北部、华东北部、宁夏中北部、陕西北部、甘肃西部、新疆东部和北部的部分地区、青藏高原、云贵高原和广西等地的山区、中东部地区沿海等地100m风电机组常用安装高度的风能资源较好，适宜开展风电项目开发；与近10年相比，2023年全国风能资源为正常年景，10m高度年平均风速较近10年偏小0.03%；2023年河北地区10m高度年平均风速较近10年平均值明显偏小，偏小约5%。

4.1.2 河北省各地市陆上风电资源分布

经调查，2023年河北省各市风电技术可开发容量约10935万kW，其中，张家口市占总可开发容量的36.5%，承德市占总可开发容量的15.2%，两市总和占比超过总可开发容量的半数，是河北省最适合开发风电的区域；定州市、辛集市受地域面积限制风电资源开发潜力较为一般。河北省各市风电技术可开发量见图4.1-1。

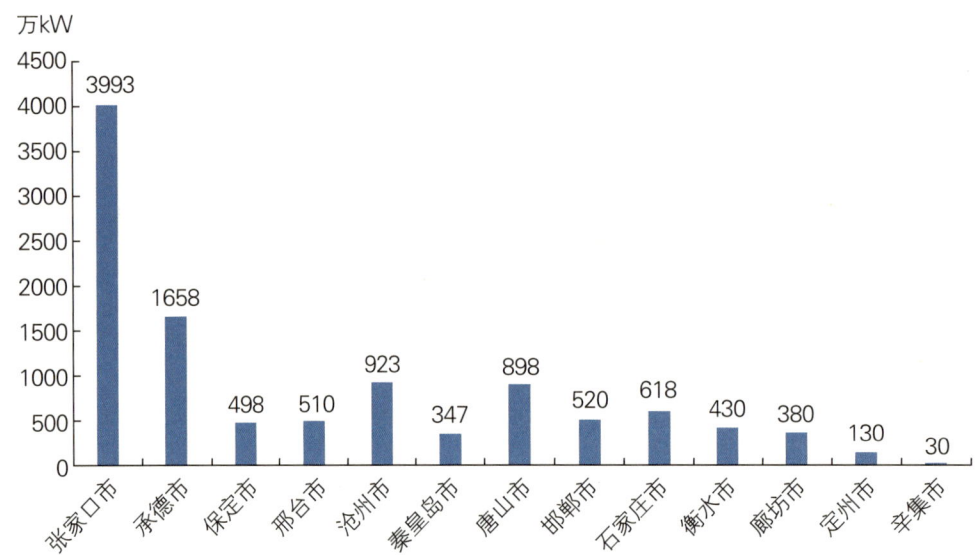

图 4.1-1　2023年河北省各市风电技术可开发量

4.1.3 海上风电资源概况及开发条件

海上风电按开发范围可分为省管海域和国管海域，省管海域为省海洋功能区划范围内海域，一般离岸约12n mile（1n mile=1.852km，相当于22.2km）；国管海域为省海洋功能区划范围外国家主张管辖的海域。河北省管海域位于渤海西部，海岸线总长度484.85km，其中唐山市229.72km、秦皇岛市162.67km、沧州市92.46km。

河北省海上风电开发建设条件优势明显，海岸线向海10km以外100m高度平均风速在7.4m/s以上，受台风影响小，年等效利用小时数约3100h；施工条件相对优越，河北海岸线向海100km范围内，水深10~30m；同时，沿海三市用电负荷高，接入和消纳能力强。

4.2 发展现状

4.2.1 新增装机规模 340 万 kW

截至 2023 年底，河北省陆上风电装机规模达到 3110.9 万 kW，海上风电装机规模为 30 万 kW，风电累计并网装机容量 3140.9 万 kW（排全国第三位），同比增长 12%，其中，河北南网风电累计并网装机容量 372.8 万 kW，同比增长 9.8%；冀北电网风电累计并网装机容量 2768.1 万 kW，同比增长 12.7%。2018—2023 年河北省风电装机规模整体呈平稳增长态势，见图 4.2-1。

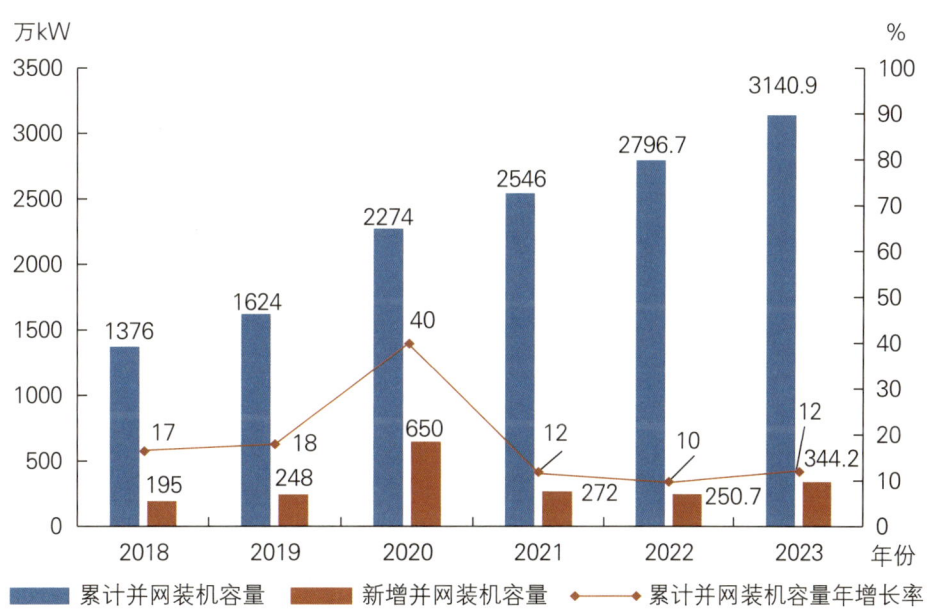

图 4.2-1　2018—2023 年河北省风电装机容量及变化趋势

分市看，河北省风电装机主要集中在张家口、承德、沧州三市，2023 年，张家口、承德、沧州三市的风电装机容量分别为 2034.5 万 kW、614.9 万 kW、142.6 万 kW。其中，张家口新增并网装机容量 326.9 万 kW，为新增并网装机容量最多的市，占新增并网装机容量的近八成。2023 年河北省各市风电装机容量见图 4.2-2。

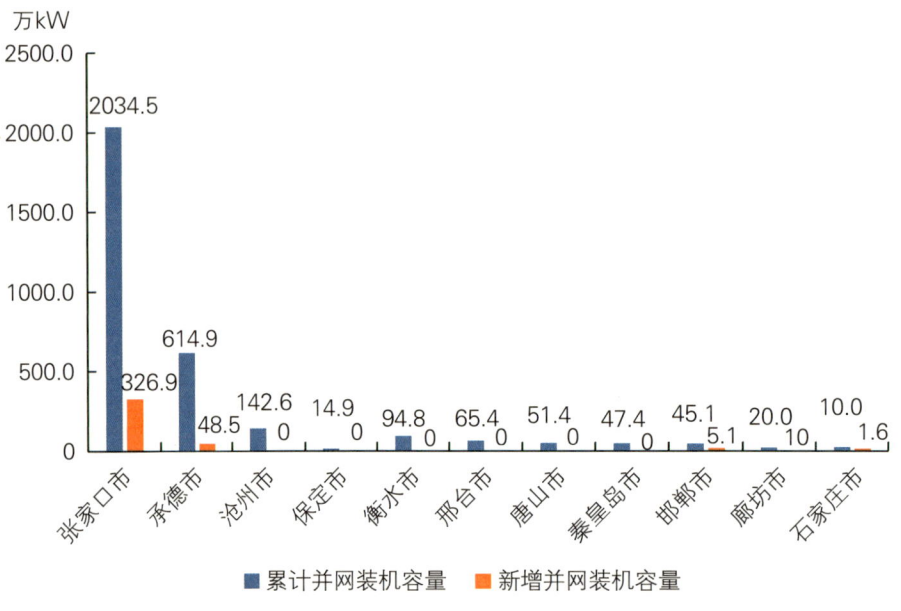

图 4.2-2　2023 年河北省各市风电装机容量

4.2.2　发电量持续增长

2023 年，河北省风电年发电量达到 650.2 亿 kW·h，同比增长 10.7%，占本地全部电源年发电量的 17.8%，风电发电占比明显提高。其中，河北南网风电年发电量达到 81.6 亿 kW·h，同比增长 3.4%；冀北电网风电年发电量达到 568.6 亿 kW·h，同比增长 11.8%。2018—2023 年河北省风电年发电量及占比见图 4.2-3，2023 年河北省各市风电年发电量见图 4.2-4。

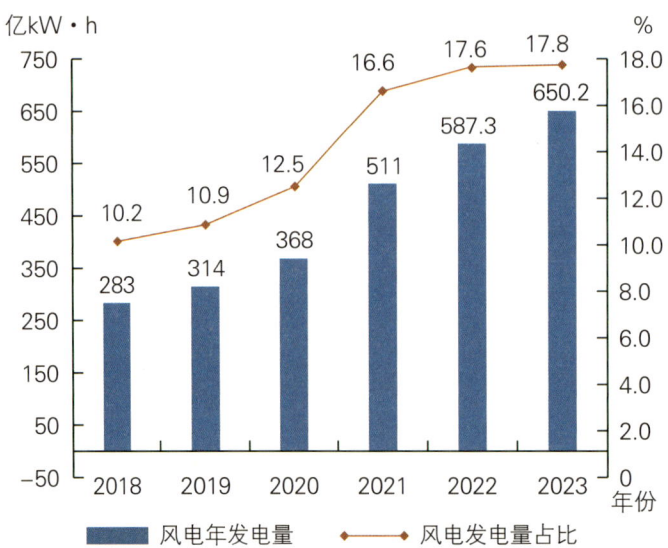

图 4.2-3　2018—2023 年河北省风电年发电量及占比

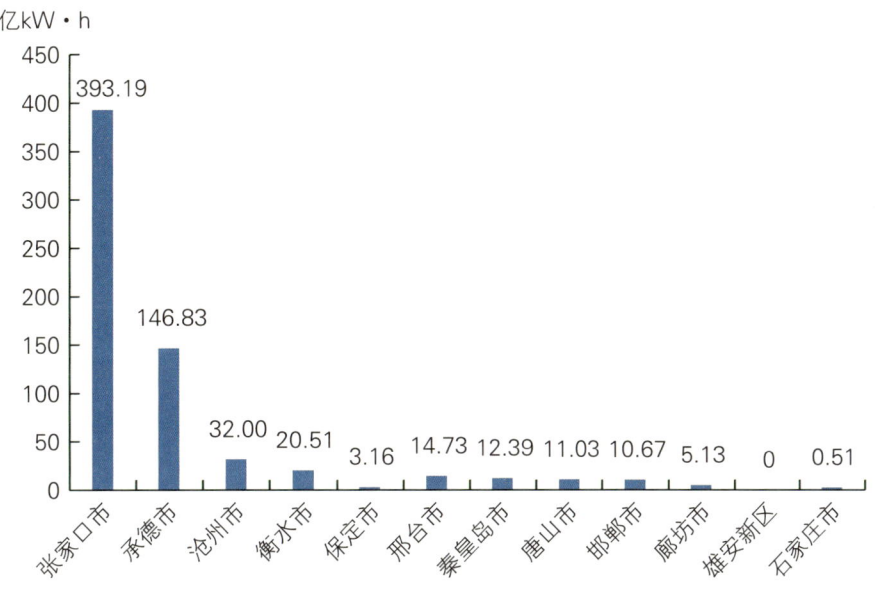

图 4.2-4　2023 年河北省各地市风电年发电量

4.2.3　第一批"沙戈荒"基地项目有序建设

2023 年，已列入国家第一批大型风电光伏基地的张家口蔚县电厂 100 万 kW 外送项目、张家口张北县 100 万 kW 项目和承德市丰宁风光氢储 100 万 kW 示范项目稳步推动；2023 年 12 月 30 日，张家口张北县 100 万 kW 风电项目一号区域 35 万 kW 项目顺利并网发电。

4.2.4　海上风电发展稳步推进

截至 2023 年底，河北省已获得国家批复海上风电项目 2 个，装机规模共 60 万 kW，均在唐山市。其中，已投产项目 1 个、装机容量 30 万 kW，为河北建投唐山乐亭菩提岛海上风电场工程，于 2011 年 5 月取得国家能源局立项，2013 年 12 月核准，2020 年 9 月全容量并网；在建项目 1 个、装机容量 30 万 kW，为国电唐山乐亭月坨岛风电场工程，于 2014 年列入《全国海上风电开发建设方案（2014—2016）》，同年 12 月核准，已完成投资 3 亿元，目前正在抓紧推进项目建设。

4.2.5 风电全产业链布局加快

河北省大力发展高端风力发电设备，拥有风力发电机、叶片、主轴、铸件、轴承、塔筒、电缆等发电应用系统零部件及装备制造能力，产业链条较为完整。引进了华源风电、双利风电、安塔风电、亿隆风电、大金风电等多家风力发电产业制造商和运营商，其中大金风电设备有限公司年生产塔筒 20 万 t，填补了尚义县新能源产业装备制造领域的空白。同时，积极推动海上风电全产业链布局，引导海上风电开发向优势企业集中，加快风电装备制造产业高端化集群化发展，并示范带动风机产业的发展。通过打造内陆特色支柱型风电产业装备集群，推动大型技术创新示范基地、分布式可再生能源电力开发、多种模式互补的新能源示范工程建设，持续培育新的经济增长点，推动新一轮产业升级和经济转型。

4.3 前期工作

4.3.1 持续推动保障性、市场化并网项目建设

2023 年 7 月 13 日，河北省发展改革委发布《关于下达 2023 年风电、光伏发电年度开发建设方案的通知》，下达年度风电、光伏发电保障性并网项目共 159 个、1480.849 万 kW，市场化并网项目共 57 个、602.588 万 kW（多能互补 33 个、302.8 万 kW，源网荷储 24 个、299.788 万 kW），储备类并网项目共 179 个、1934.21702 万 kW；要求南网、北网保障性项目配置储能规模分别不低于项目容量的 15%、20%，连续储能时长不低于 2h，多能互补项目并网前需落实煤电、燃气机组新增调峰能力并经电网公司确认，源网荷储项目按照 20%、4h 配置储能或购买储能调峰服务；保障性风电、光伏发电项目于 2025 年底前全容量建成并网，市场化项目于 2026 年底前全容量建成并网。2023 年 11 月 28 日，河北省发展改革委发布《关于加强风电、光伏发电储备类项目管理工作的通知（试行）》，提出按照"统筹设计、动态调整"的原则，建立省级储备项目库，实行省市县分级管理，推进风电、光伏发电项目科学有序开发。

4.3.2　有序推动风电百万千瓦基地规划建设

2023 年，河北省获批第三批大型风电光伏基地项目 6 个，共计 370 万 kW，其中风电 205 万 kW，分布在秦皇岛、张家口、石家庄、邯郸等地区。

4.3.3　加快推进河北省海上风电规划工作

为加快推进河北省海上风电开发建设，河北省发展改革委组织编制河北省海上风电规划，2023 年 12 月 20 日，国家批复《河北省海上风电发展规划（2022—2035 年）》，同意省管海域 180 万千瓦核准建设，国管海域 1550 万千瓦中的 550 万千瓦先行实施。

4.4　投资建设

4.4.1　风力发电成本显著降低

随着我国技术装备水平大幅提升，全产业链集成制造有力推动风电成本持续下降，近 10 年来陆上风电项目单位千瓦平均造价持续下降。河北省通过大型风电基地建设逐步发挥规模效应，风力发电建设成本进一步下降，以 2023 年河北某风电场项目为例，主机价格下降至 1800 元 /kW，项目造价下降至 4800 元 /kW。

4.4.2　设备及安装工程主导风电工程投资

风电项目成本构成包括风电机组、塔筒、箱变、升压站、集电线路等设备及安装费用，风机吊装、锚栓 + 基础、道路 + 平台等施工辅助工程费，其他机电及土建、建设用地费、其他费用等。根据河北省典型平坦地形和山地风电项目测算，分析其详细成本构成占比可以看出，设备及安装工程费用在总体工程投资中的占比超过 50%，是项目整体工程投资指标的主导因素。结合全国各地风电项目建设成本情况，未来河北省海上风电项目单位千瓦投资仍存在一定下降空间。2023 年河北省典型风电项目单位千瓦建设投资构成见图 4.4-1。

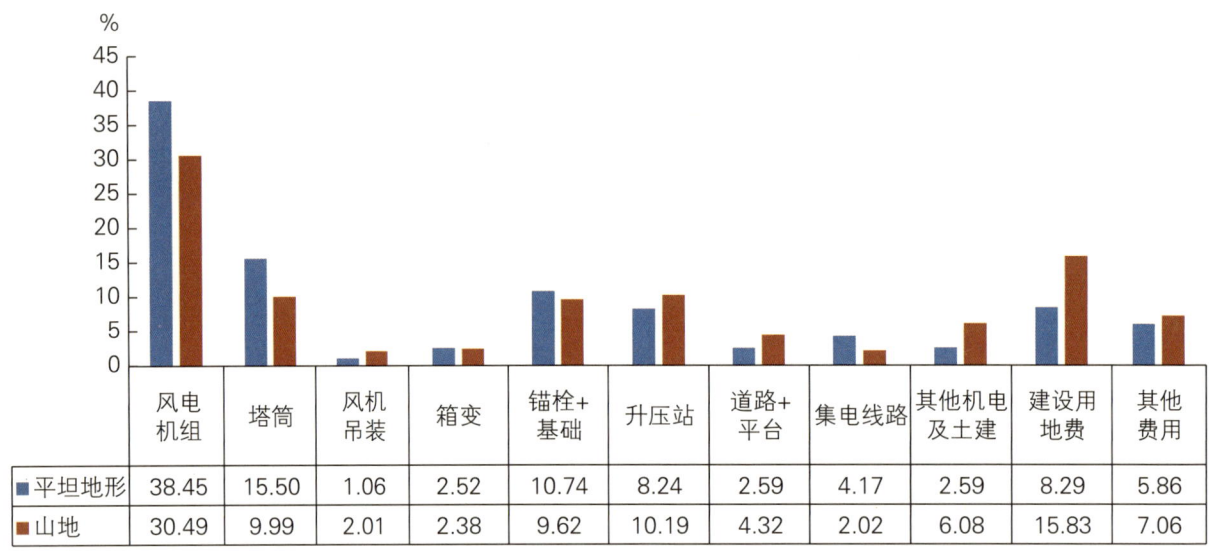

图 4.4-1　2023 年河北省典型风电项目单位千瓦建设投资构成

4.4.3　海上风电产业链降本增效

补贴退坡引导海上风电产业链降本增效，随着风电产业技术进步、风机效率提升、升压站电气设备国产化及规模化进程加快，海上风电产业单位千瓦投资迅速降低。按照当前造价水平，2023 年河北省典型海上风电场造价约 10000 元/kW，其中设备及安装工程占比 57.12%、建筑工程占比 27.24%，见图 4.4-2。

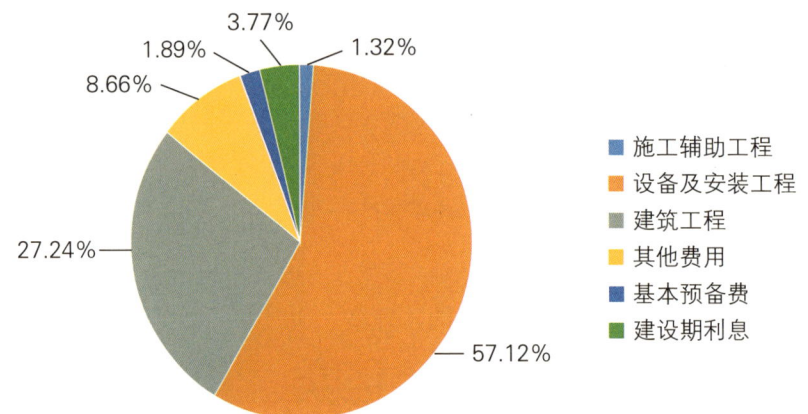

图 4.4-2　2023 年河北省海上风电项目单位千瓦建设投资构成

4.5 运行消纳

4.5.1 利用小时数同比上升

2023年，河北省风电年平均利用小时数2244h，同比增长6h，同比上升0.3%。其中，河北南网风电年平均利用小时数为2344h，同比减少20.4h，同比下降0.9%；冀北电网风电年平均利用小时数为2230h，同比增加19h，同比上升0.9%。从河北省整体来看，风电利用小时数略有所上升。2018—2023年河北省风电年利用小时数变化趋势见图4.5-1。

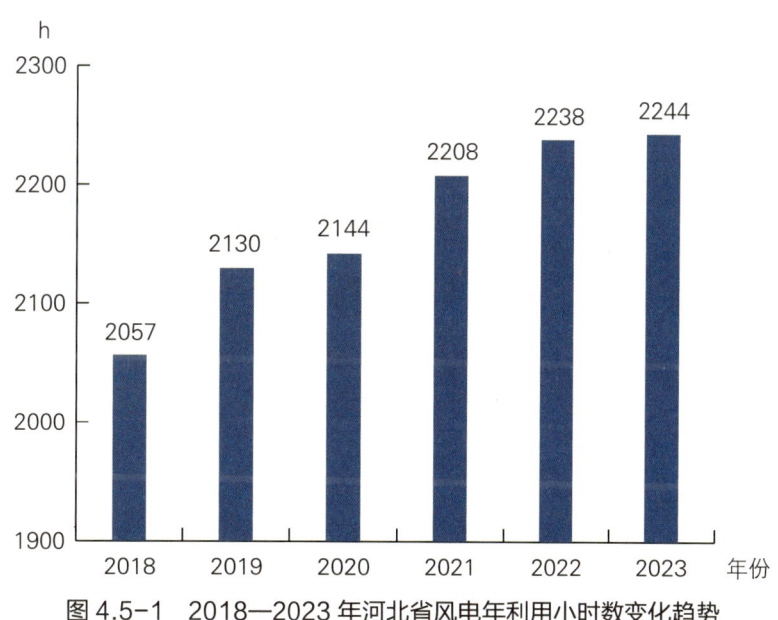

图4.5-1 2018—2023年河北省风电年利用小时数变化趋势

截至2023年底，河北省拥有百万千瓦以上风电开发规模的地区为张家口市、承德市、沧州市，2023年风电利用小时数分别为1933h、2288h、2244h。分地区来看，河北南网地区风电利用小时数整体高于冀北电网地区。2023年河北省各市风电年利用小时数情况见图4.5-2。

图 4.5-2　2023 年河北省各市风电年利用小时数情况

2021 年以前，张家口市风电年平均利用小时数均在 2000h 以上，但随着装机容量快速提高，外送通道不足、区内调节电源缺乏的影响凸显，弃风限电现象逐渐加重。近三年，张家口市风电利用小时数持续下降，2023 年风电平均利用小时数为 1933h，区外送出通道建设亟须加强。2018—2023 年河北省张家口市风电利用小时数变化趋势见图 4.5-3。

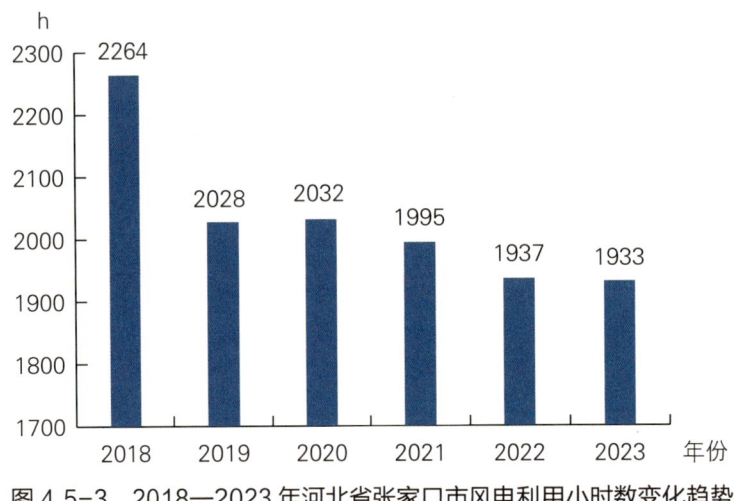

图 4.5-3　2018—2023 年河北省张家口市风电利用小时数变化趋势

4.5.2　电力消纳水平有待提高

随着电网新能源大规模接入，受地区调节性电源和可调节性负荷资源不足等因素制约，新能源消纳问题日益突出。2023年河北省风电弃电率5.7%，同比增加1.3个百分点。

2023年，河北南网新能源发电均在本地消纳，冀北电网张家口、承德新能源发电在京津冀北电网消纳，唐秦地区新能源发电均在本地消纳。随着河北省风光资源持续开发，电力消纳形势日趋严峻，2023年河北省弃风率超过5%，主要是因为冀北电网尤其是张承地区新能源发展较为迅速，但是调节性电源建设滞后，导致新能源消纳存在困难。

4.6 技术进步

4.6.1 风电机组单机容量持续增大

近年来，省内陆上风电机组单机容量不断突破，整机制造企业单机容量6MW~8MW级风电机组相继下线，金风科技陆上6.7MW系列机型在张家口崇礼风电制氢项目二期工程成功应用。大容量机组能够有效降低风电场建设和运维成本，提升风能利用效率的同时提高风电项目收益能力，实现降本增效。

4.6.2 海上风电技术快速发展

海上风电正在逐步从近海向深远海发展，漂浮式海上风电技术已加快研发步伐。省内明阳智能、金风科技等行业领军企业均有相关技术储备。2023年，全国海上风电机组平均单机容量为9.5MW，主流机型单机容量超过10MW；海上风电平均叶轮直径达到225m，最大叶轮直径在250m以上。

4.6.3 构网型风电机组技术不断进步

海上风电场采用构网型风机技术，风电场就能够独立组网，并可以带二极管整流器（DRU）运行，从而大大提高海上风电送出系统的可靠性和经济性，且可以实现长年免维护。中国电力科学研究院把握机遇，基于前期在新能源虚拟同步发电机技术方向的积累，依托牵头国网科技项目"电压源型风电机组关键技术及示范",联合设备厂家开展测试试验和技术攻关,完成冀北首台构网型风电机组实验室测试,标志着冀北公司在新能源主动支撑技术领域迈出新的一步。

4.7 发展特点

4.7.1 风电呈规模化、基地化发展

随着风电无补贴时代的到来,河北省风电项目规模化、基地化发展将成为主流。2023年河北省纳入国家第三批大基地项目6个,共计370万kW,其中风电205万kW。未来几年河北省尤其是张承地区大型风电基地并网规模将逐步加大,需通过调整电源结构、优化提升外送通道、发展抽水蓄能和新型储能项目、提高电力消纳水平等方式,进一步提高新能源利用率。按照国家"十四五"电力规划,河北省将建设张北—胜利、大同—怀来—承德—天津北1000kV特高压工程,提升电力保障能力和新能源外送能力。

4.7.2 风电制氢支撑氢能产业发展

河北省风电制氢具有资源优势,可推动风电制氢基地工程建设,拓宽风电消纳渠道,形成覆盖制氢、氢能装备、加氢站、燃料电池、整车及应用的完整产业链。《河北省新能源发展促进条例》要求,推进氢能装备研发攻关,优化布局加氢基础设施,拓展氢能在交通、发电、分布式供热、绿色钢铁、绿色化工等领域示范应用。

4.7.3 海上风电及相关配套产业快速发展

河北省已编制完成《河北省海上风电发展规划(2022—2035)》、国管海域规划场址的通航安全评估专题以及用海分析专题,下一步将大力开发海上风电,海上风电及相关配套产业在"十四五"期间将迎来重大发展机遇期。海上风电技术的进步将促进相关装备制造及服务业、海上风电运维、配套组装基地等全产业链建设。

5　抽水蓄能

5 抽水蓄能

5.1 发展基础

抽水蓄能是技术最成熟、经济性最优、最具大规模开发条件的储能方式，是电力系统绿色低碳清洁灵活调节电源，具有调峰、调频、调相、储能、系统备用和黑启动等功能，是构建新型电力系统的迫切要求，是保障电力系统安全稳定运行的重要支撑，是可再生能源大规模发展的重要保障。

河北自然地形地貌多样，西北高、东南低，由西北向东南呈半环状逐级下降特点，依次为坝上高原、燕山和太行山地、河北平原三大地貌单元。其中，山地面积占河北省总面积的48%，太行山脉贯穿南北、燕山山脉横亘东西，地势险峻、山峰起伏、沟壑纵横，最高峰海拔达到2880m，与平原地区形成巨大落差，具备开发建设抽水蓄能的地形地质条件。河北河流众多，水资源能够满足抽水蓄能电站建设需求，长度在18km以上1000km以下的河流有300多条，大都发源或流经燕山、冀北山地和太行山山区，分属海河、滦河、内陆河、辽河4个水系。经过多次资源站点普查，河北省站点资源总量1.5亿kW以上。

河北省风电、光伏资源丰富，并网装机快速增长。预计到2035年，河北省新能源装机规模将接近2亿kW。鉴于新能源间歇性、随机性、波动性的特点，需要更多调节性电源保障电网安全，提高新能源利用率。同时，河北环绕京津两大负荷中心，电网峰谷差不断拉大，这也对电力系统调节能力提出了更高要求。

5.2 专项行动

聚焦建设清洁高效、多元支撑的新型能源强省，河北加快推进抽水蓄能开发建设，着力提升电力系统调节能力，助推能源安全和绿色转型发展；成立了省、市、县三级工作专班，建立工作机制，印发了《河北省抽水蓄能开发建设推进方案》《关于进一步加快抽水蓄能项目前期工作办理速度有关事项的通知》等政策文件，并联审批、平行推进各项前期工作，加强督导调度，强化要素保障，有力推动河北省抽水蓄能高质量发展。

2023 年，丰宁抽水蓄能项目新增投产 3 台机组、90 万 kW。截至 2023 年底，河北省抽水蓄能累计并网装机规模达到 427 万 kW，核准在建项目达到 11 个、1320 万 kW，居全国前列。

5.3　投资建设

抽水蓄能项目建设稳步推进。丰宁抽水蓄能项目总装机容量 360 万 kW，安装 10 台 30 万 kW 定速机组和 2 台 30 万 kW 变速机组。该项目为目前全世界装机容量最大的抽水蓄能项目，截至 2023 年底，已并网投运 10 台定速机组、共计 300 万 kW，剩余 2 台变速机组计划 2024 年并网投运。

尚义抽水蓄能项目正在开展主体工程施工，上水库库盆开挖完成总工程量的 66.6%，坝体填筑完成总工程量的 67.8%；下水库坝体混凝土浇筑完成总工程量的 21.2%；引水隧洞开挖支护完成，高压管道开挖支护完成总工程量的 46%；尾水隧洞开挖支护完成总工程量的 82%；地下厂房开挖完成总工程量的 40.77%，主副厂房混凝土浇筑完成总工程量的 3.78%。计划 2026 年实现全容量并网投产。

易县抽水蓄能项目正在开展主体工程施工，上水库库盆开挖完成总工程量的 97%，库盆混凝土面板施工完成总工程量的 15%；下水库坝体填筑已完成；引水隧洞钢筋混凝土段混凝土浇筑完成总工程量的 25%，高压管道段钢管安装完成总工程量的 17%；尾水隧洞钢筋混凝土段混凝土浇筑完成总工程量的 5%；地下厂房开挖完成，主副厂房浇筑完成总工程量的 5%，1 号机尾水管垫层浇筑完成。计划 2025 年底前首台机组并网投运，2026 年实现全容量并网投产。

抚宁抽水蓄能项目正在开展主体工程施工，上水库右坝肩开挖清理已完成；下水库坝体填筑完成总工程量的 27%；引水隧洞开挖完成总工程量的 43.98%，高压管道段开挖完成总工程量的 49.56%；地下厂房开挖完成总工程量的 42%。计划 2027 年实现全容量并网投产。

承德滦平抽水蓄能项目已取得可研报告审查意见，交通洞、通风洞开挖支护完成，集控中心正在进行地下室施工，35kV 施工电源输电线路塔杆架设全部完成。

石家庄灵寿抽水蓄能项目已取得先行用地手续，完成交通洞、通风洞洞口施工平台平整工作，完成临时进场道路修建和下水库道路部分路段地表附着物清理工作。

邢台、阜平、迁西、隆化一期、隆化二期抽水蓄能项目均已核准开工，正在加快推进用地手续、征地移民、施工电源等各项工作。

河北省在建抽蓄项目情况见表 5.3-1。

表 5.3-1　河北省在建抽蓄项目情况

序号	项目名称	项目所在地	装机容量/万 kW	核准时间
1	丰宁抽水蓄能电站	承德市丰宁县四岔口乡	360	一期、二期分别于 2012 年 8 月、2015 年 7 月完成核准
2	尚义抽水蓄能电站	张家口市尚义县小蒜沟镇	140	2019 年 6 月
3	易县抽水蓄能电站	保定市易县梁格庄镇	120	2017 年 12 月
4	抚宁抽水蓄能电站	秦皇岛市抚宁区大新寨镇	120	2018 年 12 月
5	承德滦平抽水蓄能电站	承德市滦平县小营镇哈叭沁村	120	2022 年 12 月
6	石家庄灵寿抽水蓄能电站	石家庄市灵寿县寨头乡、陈庄镇境内	140	2022 年 12 月
7	邢台抽水蓄能电站	邢台市信都区	120	2022 年 12 月
8	迁西抽水蓄能电站	唐山市迁西县滦阳镇和上营镇	100	2022 年 12 月
9	阜平抽水蓄能电站	保定市阜平县砂窝乡	120	2022 年 12 月
10~11	隆化一期、隆化二期抽水蓄能电站	承德市隆化县韩麻营镇	280	2022 年 11 月

5.4 运行情况

截至 2023 年底，河北省抽水蓄能并网装机规模 427 万 kW，其中，唐山潘家口 27 万 kW 和石家庄张河湾 100 万 kW 抽水蓄能电站已全容量建成投产，丰宁 360 万 kW 抽水蓄能电站累计投运 10 台机组、300 万 kW。

随着风电、光伏的快速发展，午间抽水消纳新能源的需求已经高于夜间抽水填谷需求，目前在运张河湾、潘家口、丰宁抽水蓄能电站累计运行小时数、年发电量逐年提升，有效应对电力系统日益增长的灵活调节需求，保证电力安全可靠供应。

潘家口抽水蓄能电站：位于河北省唐山市迁西县境内滦河流域中上游，总装机容量 27 万 kW，安装 3 台单机容量 9 万 kW 可逆式水泵水轮机组，上水库库容 293000 万 m^3，下水库库容 3243 万 m^3，额定水头 71.6m，满发利用小时数 7h，于 1992 年并网投运，2023 年发电量 2.7 亿 kW·h，综合效率 76.7%。

张河湾抽水蓄能电站：位于河北省石家庄市井陉县测鱼镇，装机规模 100 万 kW，安装 4 台单机容量 25 万 kW 可逆式水泵水轮机组，上水库库容 785.4 万 m^3，下水库库容 8560 万 m^3，额定水头 305m，满发利用小时数 4.6h，于 2009 年并网投运。2023 年发电量 10.62 亿 kW·h，综合效率 78%。

丰宁抽水蓄能电站：位于河北省承德市丰宁县四岔口乡，装机规模 360 万 kW，安装 12 台单机容量 30 万 kW 可逆式水泵水轮机组，上水库库容 5800 万 m^3，下水库库容 6070 万 m^3，额定水头 425m，满发利用小时数 10.86h，已经投产 10 台机组、300 万 kW。这 10 台机组以每天"两抽两发"方式长时间连续运行，2023 年发电量 35.64 亿 kW·h，综合效率 79.55%。

5.5 技术进步

截至 2023 年底，我国抽水蓄能装机容量已达到 5094 万 kW，世界排名首位。抽水蓄能电站技术方面，我国坚持机组设备自主化原则，设计施工、设备制造等自主创新研发能力不断提升，在建和规划项目均采用先进技术。

服务北京绿色冬奥丰宁抽水蓄能电站投产发电。丰宁抽水蓄能电站实现了世界最大抽蓄电站自主设计和建设，书写了我国抽水蓄能发展史上的多个纪录，打造了抽蓄建设的新丰碑。装机容量世界第一，总装机容量360万kW，为世界抽水蓄能电站之最；储能能力世界第一，12台机组连续满发小时数达到10.8h，是华北地区唯一具有周调节性能的抽水蓄能电站；地下厂房规模世界第一，地下厂房单体总长度414m，高度54.5m，跨度25m，是最大的抽水蓄能地下厂房；地下洞室群规模世界第一，地下洞室多达190条，总长度50.14km，地下工程规模庞大。

在建的抚宁抽水蓄能项目通风洞、交通洞采用TBM掘进技术，相对于传统钻爆法等施工方法具有快速、优质、安全、经济、环保等显著优点，创造出月度进尺300m以上、单日最大进尺21m的优异成绩，为大断面TBM在抽水蓄能电站应用积累了丰富的经验。

6 生物质能

6.1 政策引导

国家发展改革委、国家能源局等部门联合发布《"十四五"可再生能源发展规划》，推动生物质能发电多样化发展，同时推动生物质能发电市场化运作及补贴退坡，逐步形成市场化运作机制，对生物质发电有一定冲击和影响。

2023年3月15日，国家能源局、生态环境部、农业农村部、国家乡村振兴局印发《关于组织开展农村能源革命试点县建设的通知》，明确指出依托生物质供暖服务站建设生物质"收储运"及成型燃料加工、生物质锅炉和地热供热。

2023年4月28日，国家能源局综合司印发《关于印发〈国家能源局2023年乡村振兴定点帮扶和对口支援工作要点〉的通知》，提出继续推动生物质供暖项目建设。继续推动通渭在生物质资源丰富的中心村、易地扶贫搬迁安置点建设生物质供暖项目，探索生物质资源开发利用新模式。

河北省住房和城乡建设厅、河北省发展改革委印发《河北省城乡建设领域碳达峰实施方案》，指出打造绿色低碳县城和乡村，推进农村用能低碳转型。推进太阳能、空气源热能、浅层地热能、生物质能等可再生能源在冬季取暖、供电、供气等方面的应用。

《河北省秸秆综合利用实施方案（2021—2023年）》中对沼气和生物天然气的发展描述比较详细，要求以"秸秆+粪污"收集式运营为主要推广模式，以集装箱式干发酵技术为重点。

6.2 资源概况

生物质能属于重要的可再生能源，具有绿色、低碳、清洁、可再生、资源来源丰富等特点。大力发展生物质能对替代部分化石能源消费、促进节能减排、提高能源供应保障能力具有重要意。河北省是农业大省，生物质资源丰富，生物质能开发潜力大。河北省农作物秸秆可利用资源量约 4059 万 t，主要分布在南部棉粮主产区。林业废弃物可利用资源量约 959 万 t，主要分布在北部和西部山区。河北省人口 7400 万人，年产生活垃圾约 2200 万 t。

6.3 发展现状

河北省生物质能利用形式主要包括生物质发电、沼气、生物质成型燃料、生物质制气和生物液体燃料。"十三五"以来，河北省生物质能多元化利用取得了较大进展。但是，因外部政策，生物质发展也受到极大的影响。

6.3.1 发展不及预期，装机规模增长缓慢，可开发潜力大

目前，河北省生物质能利用主要包括生物质发电、沼气、生物质成型燃料、生物质制气和生物液体燃料等多种方式，但是实际建设投运的与规划及预期目标有着明显的差距。截至 2023 年底，各类生物质装机容量共计 242.84 万 kW，同比增长 10.8%。其中已建成并网农林生物质发电项目 27 个、73.46 万 kW，同比增长 3.2%；垃圾发电 79 个、165.62 万 kW，同比增长 13.5%；沼气发电 17 个、3.76 万 kW，同比增长 97.9%。生物质发电已形成一定规模，年发电量 94.9 亿 kW·h，替代标准煤 300 万 t。

6.3.2 生物质发电量进一步增长

2023 年，河北省生物质年总发电量 94.9 亿 kW·h，同比增长 9.6%。其中，农林生物质发电量 22.6 亿 kW·h，同比增长 7.1%；垃圾焚烧发电量 71.2 亿 kW·h，同比增长 9%；沼气发电量 1.1 亿 kW·h，同比减少 12%。

6.3.3 生物质非电利用稳步发展

据统计，截至 2023 年底，河北省有大型和特大型沼气工程 208 处，总池容 69.77 万 m^3，

其中持续运行 5000m³ 以上的规模化生物质天然气（沼气）项目 18 处，占沼气总可产气量的 87%；生物质固化成型燃料年产 54.49 万 t，可替代标准煤近 43.7 万 t。

生物质制气技术日益完善。农村沼气应用范围不断扩大，到 2023 年底，河北省沼气提纯生物天然气规模工程 250 处左右，总池容 65.18 万 m³，年产生物质气 1.288 亿 m³。

成型燃料有序发展。成型燃料年利用量约 58 万 t。

生物质液体燃料技术实现突破。生物燃料乙醇生产量 4.5 万 t，生物柴油生产量 10 万 t（出口）。

生物质产业得到更大发展，在电力、供热、农村生活用能领域形成市场化、产业化利用，在替代化石能源方面发挥更加重要的作用。但是，相比资源总量还有很大的开发潜力。

6.4 运行情况

生物质发电年均利用小时数降低。2023 年河北省生物质发电项目的年平均利用小时数为 3853h，较 2022 年减少约 200h，其中农林生物质发电年平均利用小时数 3148h、垃圾发电年平均利用小时数 4637h、沼气发电年平均利用小时数 3775h。

6.5 发展趋势

6.5.1 生物质能行业技术升级

开展新型生物质能技术研发与培育，提高生物质厌氧处理工艺及厌氧发酵成套装备研制水平，加快生物天然气、纤维素乙醇、藻类生物燃料等关键技术研发和设备制造。支持生物柴油、生物航空煤油等领域先进技术装备研发和推广使用。优化生产转化技术，降低行业生产成本。

6.5.2 生物质能多元化发展

在生活垃圾焚烧发电、农林生物质发电和沼气发电的基础上，将积极推进生物质能清洁供暖、生物天然气及非粮生物质液体燃烧等多元化发展。要开展生物天然气示范，生物质发电市场化示范和生物质能清洁供暖示范。建设以生物质热电联产、生物质成型燃料及其他可再生能源为主要能源的产业园区。建立农林生物质原料生产基地，建设以生物质锅炉、地热能等为主的乡村能源站，加快生物质能相关基础设施建设，有效整合各项资源，从而提高资源利用率。

6.5.3 生物质能产业链将更加完善

在政策红利持续释放下，河北省生物质能产业链将逐步完善，生物质能下游应用更加广泛，行业机械化生产、收集、产后处理、储运等环节联系将越发紧密且逐步向着规模化、规范化发展。

6.5.4 创新发展模式

优先支持创新示范项目，鼓励通过技术进步降低生产建设成本。创新发展秸秆收储、城镇生活垃圾资源保障体系，促进相关资源利用流程化、标准化、数据化和信息化，降低原料成本，保障生产运营稳定。

7　地热能

7 地热能

7.1 资源概况

河北省地热能资源禀赋优越，200m 以浅的浅层地热能和 500~4000m 的中深层地热能资源储量都非常丰富。

7.1.1 浅层地热能

地下水式换热系统区域主要分布于山前平原区及山间盆地富水性较好、利于回灌的地区，面积 2.18 万 km^2，占河北省总面积的 11.65%；地埋管式换热系统区域分布于大部分平原区，面积 5.94 万 km^2，占河北省总面积的 31.65%。河北省浅层地热能热容量为 $4373.55×1011kJ/℃$（4.37 亿 GJ/℃），相当于标准煤 149.2 亿 t，可供暖面积为 7.17 亿 m^3，可制冷面积 7.19 亿 m^3。

7.1.2 中深层地热能

储量丰富（可采资源量居全国第三位，第一、第二位分别是四川、河南），平原区主要分布在保定市、衡水市、沧州市、廊坊市、雄安新区等地，地热流体理论上可开采量 9.5 亿 m^3/a，可采热资源量 69.4 万亿 kJ/a，折合标准煤 1138.2 万 t/a，可供暖面积约为 2.2 亿 m^3/a；山区地热水资源呈点状或带状分布，主要分布在平山县、怀来县、阳原县、赤城县、隆化县、遵化市等地，已探明地热水可开采量 0.17 亿 m^3/a，可采热资源量 3.29 万亿 kJ/a，折合标准煤 11.2 万 t/a，可供暖面积约为 0.06 亿 m^3/a。

7.2 发展现状

河北省地热资源开发利用的方向包括供暖、洗浴、医疗、康养、种植养殖等，其中以供暖为主，地热发电尚处于试验阶段。经统计，河北省依法在运地热能存量项目594个，涉及取水项目487个，涉及取水井1252眼、回灌井1705眼，总许可取水量1.3亿 m^3/a，年取水量1.11亿 m^3、回灌量1.05亿 m^3，回灌率达到95%；供热面积约4746万 m^3，供冷面积约775万 m^3，种植养殖面积411亩[①]。在建项目74个，计划总投资48.3亿元，预计建成后新增供暖面积2471万 m^3、制冷面积1270万 m^3、种植养殖面积1080亩。

2023年，河北省共有10个市67个新设地热采矿权已委托市级自然资源主管部门组织出让，其中供暖类采矿权55个、医疗康养类采矿权12个。全部出让后，供暖类采矿权最大可开采量10700万 m^3/a，可增加供暖面积6700万 m^3/a，可节约标准煤约83万 t/a；医疗康养类采矿权最大可开采量980万 m^3/a，可满足康养洗浴1200万人次/a。

7.3 前期管理

《河北省可再生能源发展"十四五"规划》《河北省地热资源勘查开发"十四五"规划》等规划，划定地热能重点勘查区、重点开采规划区块，指出要因地制宜推进地热供暖、制冷、旅游康养、种植养殖等多元化开发和梯级利用，为"十四五"期间地热能开发利用指明方向。

2023年7月出台《关于优化地热能开发利用项目管理流程的通知》（冀发改能源规〔2023〕4号），优化取消省、市、县三级审核流程。对地热能开发利用项目流程进行进一步的优化、精简和完善。对地热能开发利用项目按取水类、非取水类进行分类管理；按开发规模对项目进行分级登记、备案管理。

---

① 1亩 ≈ 666.67平方米。

2023年8月28日，河北生态环境厅、河北发展改革委联合下发《河北省中深层地热能替代化石燃料集中供热项目降碳产品方法学》，对地热集中供暖项目参与碳交易市场的方法做出了明确的规定。

2023年9月20日起实施的《河北省供热经营许可管理办法（试行）》规范了河北省行政区域内供热经营许可的申请、受理、审查批准、证件核发以及相关的监督管理等行为。有效期2年。

2023年11月1日起施行的《河北省新能源发展促进条例》为地热能开发利用提供法律依据和根本遵循。县级以上人民政府能源、自然资源、水行政等主管部门应当因地制宜科学推进地热能的开发利用，推广地热能供暖制冷，促进清洁供暖替代，有序发展温泉医疗康养、种植养殖等产业。鼓励地热开发企业、科研院所等开展地热尾水回灌及监测技术研究，加强中深层取热不取水、井下高效换热、中深层地下水采灌均衡等关键技术研发。

7.4 技术进步

地热勘探取得明显进展，位于雄安新区的容西片区供热（冷）一期、二期工程中深层地热项目第一口地热井成功出水，井深3945m，井口水温71℃，出水量140m³/h。张家口阳原一带干热岩地热资源调查评价项目取得重大突破，项目勘探孔位于阳原县要家庄乡广丰庄村西南，距离阳原县经济开发区直线距离1km，项目设计孔深3000m，实际终孔孔深3005.41m，在勘探干热岩过程中发现了深部地热资源，孔底温度89℃，井口水温68℃，稳定出水量1700m³/d，初步圈定地热条件有利范围约20km²，且深部及周边仍具备进一步勘探开发利用前景。

7.5 发展特点

7.5.1 地热能发展更加科学规范

2023年，河北省印发《河北省新能源发展促进条例》，进一步优化地热资源调查、规划、开发、建设、利用、储存及其管理等活动，明确指出应因地制宜科学推进地热能的开发利用，应用推广要实现制冷供热、发电、康养、设施农业等多行业多元化发展和梯级利用。深部地热的开发推动了地热能关键技术的发展。行业标准的规范化、政府典型案例的推广、重点实验室的建设促进了技术创新，推动了地热能的发展。

7.5.2 产业链条逐步完善

地热能同其他新能源产业融合发展，构建地热能与其他能源互补的能源体系。地热集中供暖项目参与碳交易市场的方法推动了地热能在能源行业应用的延伸。

8　氢能

8.1 发展基础

河北省的氢能产业发展具有得天独厚的优势。一是河北省拥有丰富的可再生能源资源，特别是风能和太阳能，河北省风能资源总储量 7400 万 kW，年太阳辐射总量在 $5000MJ/m^3$ 以上，为绿氢制备提供了充足的能源来源。二是河北省是钢铁化工大省，工业产氢资源丰富。三是河北省工业基础雄厚，钢铁、化工、运输等行业对氢能的需求量大，为氢能的应用提供了广阔的市场空间。四是河北省前瞻性的政策支持，通过出台一系列促进氢能产业发展的政策文件，为氢能产业的发展提供了有力的政策保障。五是掌握优势氢能产业，河北省氢能产业已初步形成了一定的规模，特别是在氢能制取、储运、加注和应用等产业链环节已具备一定的基础，扶持出了一批中船集团第七一八研究所、中集安瑞科、长城汽车未势能源、亿华通动力等重点氢能领头企业。

作为我国的重要工业基地和能源消费大省，河北省积极推动氢能产业的发展与绿氢应用，不仅有助于实现河北省能源结构的绿色转型，也是推动新旧动能转换、加快推进新型能源强省建设、实现碳达峰碳中和目标的重要抓手。

8.2 发展现状

8.2.1 政策支撑提供保障

河北省高度重视氢能产业发展，坚持把强化顶层设计作为产业发展的前提，持续完善氢能产业政策。目前已形成了"1+2+N"的政策体系。"1"是指《河北省氢能产业发展三年行动方案（2023—2025 年）》；"2"是指《河北省氢能产业发展"十四五"规划》《河北省推进氢能产业发展实施意见》；"N"是指张家口、保定、唐山、定州等市相继出台了多项产业支持政策，政策体系已逐步完善。这一系列指导性文件明确了河北省氢能产业发展的目标任务和政策措施。同时推出了《河北省氢能产业安全管理办法（试行）》《河北省加氢站管理办法（试行）》等安全管理规范性文件，为规范本省氢能产业规划建设和行业安全发展提供支撑。其中，《河北省氢能产业安全管理办法（试行）》明确绿氢生产不需取得危险化学品安全生产许可，成为国内首个放宽绿氢生产在危化品许可方面限制的省份。

8.2.2　制氢产能稳步增长

目前河北省工业副产氢仍占主导地位。工业副产氢以就近供给为主。可充分利用工业副产氢优势，大力发展氢气提纯技术，提高工业副产氢利用率，带动钢铁、化工等传统行业不断转型升级。目前在石家庄、定州、任丘等地已建成15个工业副产氢项目，制氢能力达到50t/d。

河北省充分发挥张家口、承德等地区的风电、光伏可再生资源的优势，积极推进可再生能源电解水制氢技术的全产业链发展，通过培育和引进亿华通、海珀尔、河北建投、交投壳牌等氢能企业，目前河北省已建成7个可再生能源制氢项目，制氢能力达到22t/d。

8.2.3　加氢建设布局有序

河北省发布《河北省加氢站管理办法（试行）》，按照由点及面、由专用向公用、由城市向城际发展的思路，优先在氢气资源丰富、应用场景成熟的城市规划布局加氢站，重点推进固定式加氢项目，适度超前开展加油、加气、充电和加氢站合建模式试点。目前在张家口、保定、唐山等多个地区已累计建成加氢站34座，较2022年底增加16座，为河北省加氢服务需求提供保障。

8.2.4　应用示范得到推广

深入探索适用于燃料电池车的应用场景、商业模式，采取增量替代等方式，加大公共服务领域燃料电池车推广力度，推动市内公务用车、公交车、通勤车、环卫车等燃料电池汽车示范，增加途经学校、高铁站、景区的燃料电池公交示范线路，协调推动氢能城际大巴应用示范。推广应用燃料电池叉车、牵引车，鼓励支持工业企业采购燃料电池通勤车、物流车、重型卡车。目前，河北省已推广氢能汽车 2170 辆，其中氢能重卡 1511 辆、氢能公交 454 辆、氢能物流车 205 辆。氢能实现在交通、储能、电力、钢铁、化工、通信基站等领域的推广应用。

8.2.5 管道输氢建设拓展延伸

管道输氢具备安全、高效、低能耗等优势，是氢气大规模输送的理想途径。一是定州—高碑店氢气长输管道项目，建设单位为定州旭阳氢能有限公司，管道起自河北旭阳能源园区，止于高碑店市新发地物流园，途经定州市、唐县、望都县、顺平县、满城区、竞秀区、徐水区、定兴县、涞水县、涿州市和高碑店市共 11 个县（市、区）。线路全长约 164.7km，管道设计压力 4MPa，是河北省首条工业副产氢规模化外送管道。二是张家口康保—曹妃甸氢气长输管道项目，建设单位为张家口海泰氢能科技有限公司，管道起自张家口康保制氢厂的康保首站，止于唐山市曹妃甸末站，途经张家口市康保县、张北县、崇礼区、赤城县，承德市丰宁满族自治县、滦平县、双滦区、双桥区、承德县、宽城满族自治县和唐山市迁西县、迁安市、滦州市、滦南县、曹妃甸区等 3 个市共 15 个县（市、区），线路全长约 736.5km，管道设计压力 6.3MPa，是河北省首条绿氢规模化外送管道。目前两条输氢管道均在加快建设中。

8.3 技术进步

8.3.1 制氢装备国际领先

河北省氢能装备企业包括中船集团第七一八研究所、中集安瑞科、长城集团未势能源等。邯郸市一直致力于氢能装备产品开发和生产，在碱性水电解制氢方向突破了大功率水电解制氢核心材料制备、装备继承及适应于可再生能源宽功率波动性控制策略等"卡脖子"技术难题，研发的新一代 1000Nm³/h 碱性电解槽直流能耗 ≤ 4.3kW·h/Nm³H_2，电解槽小室电压 ≤

1.8V，电流密度≥ 4000A/m^2，技术指标达到国际领先水平。2023 年完成单台最大产气量 2000Nm^3/h 碱性水制氢设备研制，并具备扩容至 3000Nm^3/h 的能力。与原有技术相比，该设备的运行电流密度提升 30%，槽体重量降低 40%，整体能耗优于国标一级能效标准。在纯水电解制氢方面，开发出了产氢量 300Nm^3/h 纯水制氢设备，攻克了关键材料制备规模小、单位成本高等制约问题，关键技术指标达到国际先进水平。

8.3.2 氢气储运技术突破

积极开发 70MPa Ⅳ型瓶储氢技术和Ⅳ型瓶碳纤维复合材料，重点采用高压气态储氢和长管拖车方式，优化大容量高压气态"点对点"供应布局，稳妥推进定州—高碑店等氢气长输管道项目建设。目前河北省氢气运输车辆达到 224 辆，氢能储运成本控制在百公里 6 元/kg。

8.3.3 管道输氢发展提速

旭阳集团定州旭阳氢能有限公司 10 万 t/a 定州—高碑店氢气长输管道项目顺利通过河北省发展和改革委员会备案，张家口市康保—曹妃甸氢气长输管道项目备案获河北省发展和改革委员会批复，中石化 10 万 t/a 风光制氢一体化示范项目及绿氢输送管道项目得到进一步推进，都标志着河北省氢气长输管道项目发展已经提速。

8.3.4 氢能测试平台起步发展

国家绿氢装备产业计量测试中心获批筹建，有效填补国家级绿氢装备产业应用测试领域空白。计量测试作为氢能产业发展的重要技术基础，可为全国绿氢装备产业乃至氢能产业高质量发展提供计量支撑和优质服务。

8.4 发展特点

8.4.1 氢能产业规模不断扩大

随着氢能产业链的逐步完善,河北省氢能产业规模不断扩大,氢能全产业链产值持续增长,成为推动地方经济发展的新动力。

8.4.2 氢能产业政策体系日趋完善

河北省政府高度重视氢能产业的发展,出台了一系列政策文件,以指导和推进氢能项目的建设。这些政策不仅为氢能产业提供了资金扶持,还在人才引进、加氢站建设等方面提供了支持。

8.4.3 氢能产业链布局有待加强

河北省在氢气制备、储运、加注和应用等方面均有布局,在政策层面的支持也为氢能产业的发展提供了强有力的保障,但仍需要进一步依托现有项目和优势资源,加强氢能关键技术的研发和创新,推动氢能产业链向全面化、高端化、智能化方向发展。

8.4.4 绿氢应用场景有待拓展

灰氢和蓝氢产能大,且价格低廉,占据主要市场。受制氢成本影响,绿氢价格仍在高位。一方面需加大降本增效技术研发力度;另一方面也需要政策引导,协调绿氢的消纳。氢气的主导市场在化工、炼油领域,交通运输和其他应用占比仍处于低位。需要积极探索氢能在交通、工业、建筑等领域的应用场景,推动氢能产业的多元化发展,提高氢能的社会认可度和市场接受度。

9　新型储能

9.1 发展现状

9.1.1 示范应用成效初步显现

河北省 2023 年新增新型储能装机容量 28.8 万 kW，河北省新型储能总装机容量 53.8 万 kW，其中冀北电网装机容量 35.4 万 kW，主要位于张家口地区，河北南网装机容量 18.4 万 kW，主要位于邯郸和石家庄地区，涵盖磷酸铁锂、全钒液流、铁铬液流、铅酸电池、压缩空气储能等多种储能形式。

9.1.2 新型储能政策体系初步建立

目前，河北省已形成"1+3+N"的政策体系。"1"是《河北省"十四五"新型储能发展规划》；"3"是《全省电网侧独立储能布局指导方案》《全省电源侧共享储能布局指导方案（暂行）》《2024 年河北南部电网独立储能参与电力中长期交易方案》；"N"是张家口、邯郸、保定等市相继出台的多项产业政策。新型储能政策体系初步建立。

9.1.3 技术创新水平稳步提升

河北省已有部分新型储能装备技术处于全国乃至世界前列，其中国家电投东方能源（河北公司）联合集团公司中央研究院开发的铁—铬液流储能电池技术处于国内领先水平；由中国科学院工程热物理研究所研发、巨人集团建设的张北 100MW 先进压缩空气储能项目已申请国家首台（套）科技装备，技术处于世界领先地位，设计效率达 70.4%；承德万利通公司与清华大学国家"863"计划钒电池项目组共同开发的全钒液流电池获得了国家 30 余件专利，攻克了全钒液流电池溶液、电极电堆、质子交换膜等多项关键核心技术，为化学储能提供了安全发展的技术路线。

9.2 前期工作

9.2.1 "新能源+储能"联合开发模式稳步推进

2023年7月13日，河北省发展改革委印发《关于下达河北省2023年风电、光伏发电年度开发建设方案的通知》，明确提出保障性并网项目需配置一定比例储能或购买储能调峰服务（冀北电网和河北南网分别按照20%、15%比例配置，时长不低于2h）并与风光项目同步投产；市场化项目中，源网荷储项目需按一体化项目标准进行建设或者按照20%、4h配置储能或购买储能调峰服务。河北省共下达保障性、市场化项目分别约1481万kW和603万kW，预计新增储能规模达285万kW。

9.2.2 储能参与市场的交易方案日益完善

2023年10月31日，河北省发展改革委印发《2024年河北南部电网独立储能参与电力中长期交易方案》，进一步明确了新型储能市场定位，完善了新型储能市场机制、价格机制、运行机制，提升了新型储能利用水平。主要交易方案为：在电能量交易方面，独立储能在放电时段按发电企业参与交易，在充电时段按电力用户参与交易，交易价格由市场化方式形成，且向电网送电部分，其相应充电电量不承担输配电价和政府性基金及附加；在容量租赁交易方面，独立储能可向需配建储能的新能源企业出租容量，可出租容量为装机容量，最大可出租年限为15年，交易价格通过市场化方式形成。

9.2.3 分时电价差拉大为储能市场扩大营造机遇

2023年12月13日，河北省发展改革委印发《关于进一步完善冀北电网工商业及其他用户分时电价政策的通知》，结合冀北电网新能源大规模发展、电网负荷峰谷差不断拉大的新形势，对冀北电网工商业及其他用户分时电价政策进行了明确，分低谷、平段、高峰、尖峰时段，平段电价按市场交易购电价格或电网代理购电平均上网价格执行，高峰和低谷时段电价在平段电价基础上分别上下浮动 70%；尖峰时段电价在高峰电价基础上上浮 20%。工商业电价差的拉大，有利于储能用户进行峰谷差套利，使储能盈利空间增加。

9.2.4 电价政策促进独立储能发展提速

河北省谋划在 2024 年初发布《关于制定支持独立储能发展先行先试电价政策有关事项的通知》，初步明确独立储能项目充放电电价政策，向电网送电的，其相应充电电量不承担输配电价、系统运行费用和政府性基金及附加。进入商业运营前，充电电量用电电价暂按电网企业工商业代理购电价格执行，放电电量暂按省内当月月度集中竞价交易加权平均价格（平段价格）结算。建立独立储能容量电价激励机制，参与竞争的独立储能电站容量原则上不低于 10 万 kW，满功率持续放电时长不低于 4h，容量规模为河北南网 300 万 kW、冀北电网 270 万 kW，并对容量电价标准、容量认定、考核机制、分摊方式等做出明确要求。

9.3 投资建设

9.3.1 锂离子储能成本下降

磷酸铁锂、三元锂正极材料，均价分别由 2023 年初的 16.8 万元 /t、32 万元 /t，暴跌至 4 万元 /t、10 万元 /t，降幅约 70%。2023 年，全国及河北省磷酸铁锂储能电站单位千瓦时造价为 1100~1400 元。

9.3.2 钒液流电池前景广阔

2023 年，河北省钒液流储能电站单位千瓦时平均造价约 2100 元。河北石家庄江苏美淼储能科技有限公司全钒液流电池 100MW/800MW·h 独立共享储能电站项目，是迄今为止国内最大的全钒液流电池独立共享储能电站项目。

9.3.3 压缩空气储能降本空间较大

大规模压缩空气储能电站的单位造价进一步下滑。2023年，全国及河北省压缩空气储能电站单位千瓦平均造价为6500~7000元，压缩空气储能容量平均单价为1300~1400元/kW·h。

9.3.4 多元化储能技术迭代

2023年，河北省新型储能技术呈现多元化发展。电化学储能方面，除常规的磷酸铁锂电池技术路线，承德市谋划建设全钒液流储能电池产业基地，百兆级全钒液流电池储能电站拟落地石家庄地区；物理储能方面，国际首座100MW先进压缩空气储能国家示范工程并网后，河北省持续推进赤城300MW压缩空气储能项目、赤城60MW重力储能项目、围场100MW飞轮储能项目、怀安200MW氢储能发电项目等前期工作，新型储能技术不断更新迭代、日趋成熟，且商业应用已逐步推广。

9.3.5 储能成本持续下降

电化学储能方面，锂离子电池储能技术已发展至商业化，以碳酸锂、磷酸铁锂、三元锂为代表的储能电池出货价屡创新低，磷酸铁锂EPC中标价已经降至1元/W·h左右，降幅50%左右；压缩空气储能有一定技术进步，张家口百兆瓦级先进压缩空气储能项目并网投产，全国百兆瓦级压缩空气储能电站陆续建成投运，进一步推动压缩空气储能技术大规模成熟应用，综合造价较上年下降20%以上；电气储能方面，飞轮储能技术攻关、规模化应用不断突破，超级电容储能、超导储能研发稳步进行，十分钟电力飞轮储能商业化项目综合造价降至8000~12000元/kW，未来随着飞轮储能产业化规模的逐步扩大，兆瓦级十分钟电力飞轮储能成本有望进一步降低至3000~4500元/kW。

9.4 发展特点

9.4.1 重点项目持续加快推进

在 2023 年度风电、光伏开发建设项目中，仍要求配套新型储能，并与新能源项目同步投产；电网侧方面，对集中批复的 31 个列入省级规划的独立储能示范项目加快跟进建设，新型储能类型涉及压缩空气、飞轮储能、电化学储能等多种类型，且相关独立储能布局方案已给出明确指导意见。

9.4.2 核心技术探索取得突破

从新型储能的低成本、高安全、大规模方向攻克技术短板，提高储能制造产业核心竞争力，实现储能产业高质量发展。谋划推动了承德万利通公司与清华大学国家"863"计划钒电池项目组共同开发全钒液流电池技术，攻克全钒液流电池电解液、电极电堆、质子交换膜等多项关键核心技术，全力打造承德钒储能基地。

9.4.3 标准体系建设日益完善

根据新型储能产业发展需要，河北省已形成"1+3+N"的政策体系，并对新型储能的交易方案、容量电价、电量电价、考核机制等内容均有政策支持；此外，对没有相应国家标准、行业标准且需要在河北省统一的技术要求，相关部门正在依法研究制定地方标准，推动河北省新型储能产业规范化发展。

9.4.4 储能多元化发展趋势明朗

目前新型储能处于起步阶段，但其在电力系统中作用丰富，可用于系统调峰、调频、黑启动、电压控制等，且不同类型储能存在各自的技术经济优势，储能多元化发展已成趋势。其中在物理储能方面，压缩空气储能有一定技术进步，张家口百兆瓦级先进压缩空气储能项目已并网投产；在电化学储能方面，锂离子电池储能技术已发展至商业化，但储能规模存在经济技术"瓶颈"，液流电池成为长时间储能的重要发展方向；在电气储能方面，超级电容储能、超导储能研发稳步推进。

9.4.5　压缩空气储能发展潜力巨大

压缩空气储能作为除抽水蓄能以外第二大适合大规模开发的储能技术，因其建设周期短、场地限制少等因素，未来发展潜力巨大。结合压缩空气储能目前经济技术特点，其未来发展趋势为：储能效率提升，冷热电综合效率争取接近抽水蓄能；单机容量从兆瓦级向百兆瓦级乃至吉瓦级突破；通过废弃矿洞、人工硐室等技术，降低地理条件对储气库选择的限制，进而降低建设成本。

10　政策要点

10 政策要点

10.1 国家综合类政策

2023年，国家在加强规划目标引导、推动科技创新、提升消纳水平、推动绿色发展、加大金融支持、规范运行管理、促进市场化交易、加强信息监测、完善能耗双控制度等方面出台了一系列的政策和措施，支持和促进可再生能源行业大规模、高质量跃升发展。

2023年1月18日，国家发展改革委、住房城乡建设部、生态环境部联合印发《关于推进建制镇生活污水垃圾处理设施建设和管理的实施方案》的通知，指出建制镇是我国城镇体系的重要组成部分，是建设美丽中国的重要载体。近年来，建制镇生活污水垃圾处理取得积极成效，处理能力快速增长，收运处置体系不断完善，但仍存在发展不平衡不充分等问题。方案指出要深入贯彻落实党的二十大精神，提升建制镇生活污水垃圾处理设施等环境基础设施能力和水平，持续改善人居环境，推进建制镇生活污水垃圾处理设施优布局、补短板、提品质、保运维，健全收集处理和资源循环利用体系，持续提升环境基础设施建设和运营水平，不断满足人民日益增长的美好生活需要，助力实现人与自然和谐共生的现代化。

2023年3月15日，国家能源局、生态环境部、农业农村部、国家乡村振兴局联合印发《关于组织开展农村能源革命试点县建设的通知》，指出能源产业是乡村振兴的重要支撑，加快推进农村能源革命，对保障农村地区能源安全、助力实现碳达峰碳中和目标任务、全面推进乡村振兴具有重要意义。各地要高度重视农村能源革命试点县建设工作，发挥可再生能源分布式创新发展的优势，加大组织协调力度，建立工作机制，确保尽快取得实效。

2023年5月11日，国家发展改革委印发《关于抽水蓄能电站容量电价及有关事项的通知》，提出要进一步深化电力体制改革，完善抽水蓄能价格形成机制，促进抽水蓄能行业健康发展。电网企业要统筹保障电力供应、确保电网安全、促进新能源消纳等，合理安排抽水蓄能电站运行，同时要与电站签订年度调度运行协议并对外公示，公平公开公正实施调度；要严格执行本通知核定的抽水蓄能电站容量电价，按月及时结算电费，结算情况单独归集、单独反映，同时各地发展改革委要加强对抽水蓄能电站容量电价执行情况的监管，促进抽水蓄能行业良好发展。

2023年5月14日，国家发展改革委、国家能源局发布《关于加快推进充电基础设施建设，更好支持新能源汽车下乡和乡村振兴的实施意见》，提出要适度超前建设充电基础设施，优化新能源汽车购买使用环境，推动新能源汽车下乡，引导农村地区居民绿色出行，促进乡村全面振兴。

2023年6月14日，国家发展改革委、工业和信息化部、自然资源部、生态环境部、水利部、应急管理部联合印发《关于推动现代煤化工产业健康发展的通知》，提出要结合《现代煤化工产业创新发展布局方案》实施情况以及产业发展面临的能源安全、生态环保、水资源承载能力等形势任务，进一步强化煤炭主体能源地位，按照严控增量、强化指导、优化升级、安全绿色的总体要求，加强煤炭清洁高效利用，推动现代煤化工产业（不含煤制油、煤制气等煤制燃料）高端化、多元化、低碳化发展。

2023年8月15日，国家发展改革委表示，我国碳达峰碳中和"1+N"政策体系构建完成，并持续落地。其中，"1"是中共中央、国务院印发的《关于完整准确全面贯彻新发展理念做好碳达峰碳中和工作的意见》和国务院出台的《2030年前碳达峰行动方案》，在"1+N"政策体系中发挥统领作用；"N"则包括能源、工业、交通运输等分领域分行业碳达峰实施方案，以及科技支撑、能源保障、碳汇能力等保障方案。与此同时，各省（区、市）基于资源环境禀赋、产业布局、发展阶段等实际，制定本地区碳达峰行动方案，提出了符合实际、切实可行的任务目标。在这样的政策体系支撑下，"双碳"引擎动力十足，驱动我国在绿色低碳转型道路上砥砺前行。2023年以来，与"双碳"相关的政策制度体系陆续完善，"双碳"工作基础能力显著增强。

2023年8月22日，国家发展改革委、科技部、工业和信息化部、财政部、自然资源部、住房城乡建设部、交通运输部、国务院国资委、国家能源局、中国民航局联合发布《关于印发〈绿色低碳先进技术示范工程实施方案〉的通知》，指出要推进碳达峰碳中和，科技创新和技术应用是关键支撑。党的二十大报告也对"积极稳妥推进碳达峰碳中和"作出明确部署，要求发展绿色低碳产业，加快节能低碳先进技术研发和推广应用。实施绿色低碳先进技术示范工程，布局一批技术水平领先、减排效果突出、示范效应明显、减污降碳协同的示范项目，不仅有利于先进适用技术应用推广，也有利于完善支持绿色低碳新产业新业态发展的商业模式和政策环境，是促进形成绿色低碳产业竞争优势的关键举措。

2023年10月12日，国家发展改革委办公厅、国家能源局综合司联合发布《关于进一步加快电力现货市场建设工作的通知》，指出推进电力现货市场建设是贯彻党的二十大精神、落实新发展理念、促进能源高质量发展的重要举措。经过几年探索，电力现货市场在优化资源配置、提升电力安全保供能力、促进可再生能源消纳等方面作用显著。为加快全国统一电力市场体系建设，推动电力资源在更大范围共享互济和优化配置，在确保电力安全稳定供应的前提下，有序实现电力现货市场全覆盖，加快形成统一开放、竞争有序、安全高效、治理完善的电力市场体系，充分发挥市场在电力资源配置中的决定性作用，更好发挥政府作用，进一步激发各环节经营主体活力，助力规划建设新型能源体系，加快建设高效规范、公平竞争、充分开放的全国统一大市场。

2023年10月20日，国家发展改革委印发《国家碳达峰试点建设方案》，明确提出到2025年，试点城市和园区碳达峰碳中和工作取得积极进展，试点范围内有利于绿色低碳发展的政策机制基本构建，一批可操作、可复制、可推广的创新举措和改革经验初步形成，不同资源禀赋、不同发展基础、不同产业结构的城市和园区碳达峰路径基本清晰，试点对全国碳达峰碳中和工作的示范引领作用逐步显现。到2030年，试点城市和园区经济社会发展全面绿色转型取得显著进展，重点任务、重大工程、重要改革如期完成，试点范围内有利于绿色低碳发展的政策机制全面建立，有关创新举措和改革经验对其他城市和园区带动作用明显，对全国实现碳达峰目标发挥重要支撑作用，为推进碳中和奠定良好实践基础。

2023年11月8日，国家发展改革委、国家能源局发布《关于建立煤电容量电价机制的通知》，指出要坚持市场化改革方向，加快推进电能量市场、容量市场、辅助服务市场等高效协同的电力市场体系建设，逐步构建起有效反映各类电源电量价值和容量价值的两部制电价机制。当前阶段，适应煤电功能加快转型需要，将现行煤电单一制电价调整为两部制电价，其中电量电价通过市场化方式形成，灵敏反映电力市场供需、燃料成本变化等情况；容量电价水平根据转型进度等实际情况合理确定并逐步调整，充分体现煤电对电力系统的支撑调节价值，确保煤电行业持续健康运行。

2023年11月28日，国家发展改革委印发《关于核定跨省天然气管道运输价格的通知》，明确国家石油天然气管网集团有限公司经营的跨省（自治区、直辖市）天然气管道的定价成本监审，并据此核定了西北、东北、中东部及西南四个价区管道运输价格。核定西北价区运价率为0.1262元/（千立方米·公里）（含9%增值税，下同），东北价区运价率为0.1828元/（千立方米·公里），中东部价区运价率为0.2783元/（千立方米·公里），西南价区运价率为 0.3411 元/（千立方米·公里）。国家石油天然气管网集团有限公司应当根据各价区运价率，以及天然气入口与出口的运输距离，计算确定管道运输具体价格表，并通过公司门户网站或指定平台向社会公开。上述价格自 2024 年 1 月 1 日起执行。

2023 年 11 月 28 日，国家发展改革委办公厅发布《关于印发首批碳达峰试点名单的通知》，指出相关地区发展改革委要高度重视、周密部署、扎实推进，组织指导有关城市和园区开展碳达峰试点建设。各试点城市和园区要切实履行主体责任，把碳达峰试点建设作为促进本地区经济社会发展全面绿色转型的关键抓手，统筹谋划重点任务、研究推进改革举措、扎实推进重大项目。

2023 年 11 月 29 日，国家发展改革委等部门关于印发《锅炉绿色低碳高质量发展行动方案》的通知提出，我国大力实施煤电结构优化和转型升级，积极推进燃煤工业锅炉节能环保综合提升，锅炉生产制造技术和节能环保运行水平显著提高。但总的看，部分工业和电站锅炉系统能效、碳排放和污染物排放控制水平仍有提升空间，节能降碳减污改造潜力较大。加快推动锅炉绿色低碳高质量发展，对积极稳妥推进碳达峰碳中和具有重要意义。

2023 年 12 月 12 日，国家发展改革委、住房城乡建设部、生态环境部联合发布《关于推进污水处理减污降碳协同增效的实施意见》，指出我国生态文明建设进入了以降碳为重点战略方向、推动减污降碳协同增效、促进经济社会发展全面绿色转型、实现生态环境质量改善由量变到质变的关键时期。就目前而言，污水处理既是深入打好污染防治攻坚战的重要抓手，也是推动温室气体减排的重要领域。意见明确要求以习近平新时代中国特色社会主义思想为指导，全面贯彻党的二十大精神，深入贯彻习近平生态文明思想，立足新发展阶段，贯彻新发展理念，构建新发展格局，坚持系统观念，协同推进污水处理全过程污染物削减与温室气体减排，开展源头节水增效、处理过程节能降碳、污水污泥资源化利用，全面提高污水处理综合效能，提升环境基础设施建设水平，推进城乡人居环境整治，助力实现碳达峰碳中和目标，加快美丽中国建设。

10.2 国家新能源类政策

2023 年，国家出台多项政策促进新能源健康持续发展，主要包括金融支持、多元化利用、融合发展、电价政策、补贴资金等方面。

2023年3月20日，自然资源部办公厅、国家林业和草原局办公室、国家能源局综合司联合印发《关于支持光伏发电产业发展规范用地管理有关工作的通知》，明确鼓励利用未利用地和存量建设用地发展光伏发电产业。在严格保护生态前提下，鼓励在沙漠、戈壁、荒漠等区域选址建设大型光伏基地；对于油田、气田以及难以复垦或修复的采煤沉陷区，推进其中的非耕地区域规划建设光伏基地。新建、扩建光伏发电项目，一律不得占用永久基本农田、基本草原、Ⅰ级保护林地和东北内蒙古重点国有林区。光伏发电项目用地实行分类管理，光伏方阵用地不得占用耕地，占用其他农用地的，应根据实际合理控制，节约集约用地，尽量避免对生态和农业生产造成影响。

2023年6月5日，国家能源局印发《风电场改造升级和退役管理办法》明确，风电场退役是指一次性解列风电机组后拆除风电场全部设施，并按要求注销发电许可证，修复生态环境。鼓励并网运行超过15年或单台机组容量小于1.5兆瓦的风电场开展改造升级，并网运行达到设计使用年限的风电场应当退役，经安全运行评估，符合安全运行条件可以继续运营。

2023年6月12日，国家能源局综合司印发《关于开展新型储能试点示范工作的通知》，提出本次示范工作以推动新型储能多元化、产业化发展为目标，组织遴选一批典型应用场景下，在安全性、经济性等方面具有竞争潜力的各类新型储能技术示范项目。

2023年7月21日，国家发展改革委、国家能源局、工业和信息化部、生态环境部、商务部、国务院国资委联合发布《关于促进退役风电、光伏设备循环利用的指导意见》，指出全面构建覆盖绿色设计、规范回收、高值利用、无害处置等环节的风电和光伏设备循环利用体系，全面推进风电、光伏项目设备陆续退役。我国新能源产业快速发展，风电、光伏等新能源设备大量应用，装机规模稳居全球首位。随着产业加快升级和设备更新换代，新能源设备将面临批量退役问题。着力加快构建新发展格局，着力推动高质量发展，加快发展方式绿色转型，深入践行全面节约战略，补齐风电、光伏产业链绿色低碳循环发展最后一环，扎实推进宜居宜业和美乡村建设，推进农村电网巩固提升，发展农村可再生能源，助力实现碳达峰碳中和。

2023年8月3日，国家发展改革委、财政部、国家能源局联合印发《关于做好可再生能源绿色电力证书全覆盖工作促进可再生能源电力消费的通知》，明确绿证适用范围，规范绿证核发，健全绿证交易，扩大绿电消费，完善绿证应用，实现绿证对可再生能源电力的全覆盖。指出要深入贯彻党的二十大精神和习近平总书记"四个革命、一个合作"能源安全新战略，落实党中央、国务院决策部署，进一步健全完善可再生能源绿色电力证书制度，进一步发挥绿证在构建可再生能源电力绿色低碳环境价值体系、促进可再生能源开发利用、引导全社会绿色消费等方面的作用，为保障能源安全可靠供应、实现碳达峰碳中和目标、推动经济社会绿色低碳转型和高质量发展提供有力支撑。

2023年8月4日，国家发展改革委办公厅、国家能源局综合司联合印发《关于2023年可再生能源电力消纳责任权重及有关事项的通知》，明确2023年可再生能源电力消纳责任权重和2024年预期目标。一是2023年可再生能源电力消纳责任权重为约束性指标，2024年权重为预期性指标，各省（自治区、直辖市）按此开展项目储备。二是按照非水电消纳责任权重合理安排本省（自治区、直辖市）风电、光伏发电保障性并网规模。三是各省级行政区域可再生能源电力消纳责任权重完成情况以实际消纳的可再生能源物理电量为主要核算方式。四是各省级能源主管部门会同经济运行管理部门要按照消纳责任权重积极推动本地区可再生能源电力建设，切实将权重落实到承担消纳责任的市场主体。五是各电网企业要认真做好可再生能源电力并网消纳、跨省跨区输送和市场交易。

2023年9月27日，国家能源局发布《关于组织开展可再生能源发展试点示范的通知》，提出通过组织开展可再生能源试点示范，支持培育可再生能源新技术、新模式、新业态，拓展可再生能源应用场景。可再生能源的技术进步、成本下降、效率提升、机制完善，为促进可再生能源高质量跃升发展、加快规划建设新型能源体系、如期实现碳达峰碳中和目标任务提供有力支撑。

10.3 河北省政策

2023年，河北省积极响应国家政策，从规划、消纳、经济、技术发展等方面，出台了一系列政策和措施支持和促进河北省可再生能源行业高质量发展。

2023年2月10日，河北省发展改革委发布《关于生物质发电上网电价有关事项的通知》，明确支持具备条件的生物质发电项目参与电力市场直接交易，通过市场化方式形成上网电价，引导生物质发电行业健康有序发展。规定自2022年1月1日（含）以后核准的生物质发电项目、2021年底前核准但未开工的生物质发电项目，以及2021年底前核准且开工在建但在2023年6月30日前仍未全部机组并网的生物质发电项目，上网电价执行河北省当期燃煤发电基准价（现行标准为河北南网每千瓦时0.3644元、冀北电网每千瓦时0.3720元）。

政策要点 10

2023 年 2 月 28 日，河北省科学技术厅、河北省发展改革委、河北省工业和信息化厅、河北省生态环境厅、河北省住房和城乡建设厅、河北省交通运输厅、河北省科学院联合印发《河北省科技支撑碳达峰碳中和实施方案（2023—2030 年）》，聚焦能源、工业、建筑、交通等重点领域，围绕前沿研究、技术攻关、应用示范、企业培育、平台建设、人才培养等方面，按照可实施、能落地原则，从创新链条、创新要素层面提出相关重点任务。

2023 年 6 月 20 日，河北省发展改革委、河北省财政厅、河北省生态环境厅联合发布《关于制定我省 2023—2025 年度重金属污染物排放权交易基准试行价格的通知》，指出要健全排污权有偿使用制度，拓展排污权交易污染物种类，服务经济高质量发展。各地方要加强对排污权交易的跟踪监测，对实施成效进行定期评估，进一步健全完善交易基准价格动态调整机制，确保排污权交易在全省生态环境污染治理、资源市场化配置中更好地发挥作用。

2023 年 6 月 26 日，河北省人民政府办公厅发布《关于印发河北省氢能产业安全管理办法（试行）的通知》，指出要鼓励氢能安全生产科学技术研究和先进工艺技术推广应用，提高安全生产水平。氢能企业应具备法律、法规和国家标准或行业标准规定的安全生产条件，建立健全全员安全生产责任制和安全生产规章制度，加大安全生产投入，改善安全生产条件，加强安全生产标准化、信息化建设，构建安全风险分级管控和隐患排查治理双重预防机制，健全风险防范化解机制，确保安全生产。建立健全氢能安全生产工作协调机制，支持、督促各有关部门依法履行安全生产监督管理职责，及时解决安全生产监督管理中存在的重大问题。

2023 年 7 月 13 日，河北省发展和改革委员会印发《关于下达河北省 2023 年风电、光伏发电年度开发建设方案的通知》，下达年度风电、光伏发电保障性并网项目共 159 个、1480.849 万 kW，市场化并网项目共 57 个、602.588 万 kW（多能互补 33 个、302.8 万 kW，源网荷储 24 个、299.788 万 kW），储备类并网项目共 179 个、1934.21702 万 kW。

2023 年 7 月 31 日，河北省发展改革委、河北省自然资源厅、河北省水利厅联合发布《关于优化地热能开发利用项目管理流程的通知》，提出将地热能开发利用项目管理流程进行优化和精简，明确建设主体，组织联合验收。落实监管责任，强化信息管理。全面认真贯彻落实全省优化营商环境企业家座谈会精神，深化"放管服"改革，持续优化服务周到、便利高效的政务环境。

2023 年 7 月 31 日，河北省发展改革委转发《国家能源局关于印发〈光伏电站开发建设管理办法〉的通知》，指出要进一步加强项目备案管理，落实企业安全生产责任，加强项目全过程信息监测，规范光伏电站开发建设，促进光伏发电行业持续健康高质量发展。

2023年8月23日，河北省人民政府印发《河北省2023年6月底到期风电、光伏发电项目拟调整情况公示》，指出要进一步加强风电、光伏发电项目管理。对2023年6月底已到期风电、光伏发电项目建设进度进行了摸底统计，并对受疫情影响、逾期未建成项目提出了处置意见。

2023年9月21日，经河北省第十四届人民代表大会常务委员会第五次会议表决通过《河北省新能源发展促进条例》，将于2023年11月1日起施行。条例明确了河北省新能源的发展方向与相关措施。鼓励新建建筑与太阳能、地热能、生物质能等新能源供能系统同步设计、同步施工、同步验收，支持已建建筑推广应用新能源供能系统，推进新能源建筑一体化应用。鼓励油气、煤炭等传统能源企业依法依规利用自有矿权、土地等资源，加强太阳能、风能、地热能等新能源开发利用，推进新能源与传统能源融合发展，推动生产用能替代。县级以上人民政府能源主管部门统筹布局建设电化学储能、机械储能、电磁储能、储氢、储热（冷）等新型储能项目，推动新型储能规模化应用，支持社会资源参与新型储能建设，引导新能源电站以自建、合建共享等市场化方式配置新型储能，推广新型储能在电源、电网、用户等环节的应用，提升电力系统灵活性，促进新能源高比例消纳。条例指出，电网企业应当加强新能源发电项目配套送出工程建设，合理安排建设时序，确保送出工程与电源项目建设进度相匹配，保障新能源发电项目及时并网。与电网企业规划建设时序不匹配的新能源发电项目配套送出工程，可以由发电企业投资建设。建成后，经电网企业与发电企业协商，可以由电网企业依法依规回购。依托雄安新区、北京大兴国际机场等新增用能区域扩大张家口、承德地区新能源电力消纳，推动新能源电力京津冀协同消纳。推动新型储能参与电力市场和调度运用。鼓励新型储能企业参与电力市场交易，以市场化方式形成价格。

2023年10月20日，河北省发展改革委印发《关于组织申报地面分布式光伏项目的通知》，指出要加快推动光伏发电产业高质量发展，助力新型能源强省建设，提高土地和电网资源利用效率，确保高质量完成年度风电光伏项目建设目标任务。本次项目范围为以10千伏及以下电压等级接入电网，装机规模6兆瓦及以下的地面分布式光伏发电项目。2023年11月9日，经各市组织申报、电网公司对接入和消纳条件确认及第三方咨询单位对用地条件审核，具备电网和用地条件的地面分布式光伏项目共302个、143.082万kW。

2023年10月31日，河北省发展改革委发布《关于印发〈2024年河北南部电网独立储能参与电力中长期交易方案〉的通知》，按照《国家发展改革委 国家能源局关于加快推动新型储能发展的指导意见》(发改能源规〔2021〕1051号)、《国家发展改革委办公厅 国家能源局综合司关于进一步推动新型储能参与电力市场和调度运用的通知》(发改办运行〔2022〕475号)有关要求,进一步明确新型储能市场定位,建立完善相关市场机制、价格机制和运行机制,提升新型储能利用水平,全力保障能源电力安全稳定供应。

2023年10月31日,河北省发展改革委印发《关于做好京津冀绿色发展大会有关工作的通知》,提出要深入贯彻落实党的二十大、全国生态环境保护大会及习近平总书记关于京津冀协同发展系列讲话精神,搭建推动京津冀区域绿色低碳协同发展的交流合作平台,以"协同'绿'动'碳'索未来"推动"京津冀绿色发展"。

2023年11月28日,河北省发展改革委发布《关于加强风电、光伏发电储备类项目管理工作的通知(试行)》,指出风电、光伏发电储备类项目包括集中式、分散式风电和集中式、地面分布式光伏项目。除国家大型风电、光伏基地等国家批复项目外,今后纳入风电、光伏发电年度开发建设方案的项目均须从省级储备项目库转出。

2023年11月29日,河北省发展改革委印发《关于申报2023年第四季度风电、光伏发电储备类项目的通知》,提出要按照"统筹设计、动态调整"的原则,原则上每季度开展一次储备类项目申报入库工作,推进项目前期工作与建设实施有机衔接。各市要结合风光资源情况,科学有序开展项目谋划申报,要严格审核建设条件,提高项目谋划质量,优选条件成熟的项目分批入库。加快建设新型能源强省,提升风电光伏发电年度开发建设方案的科学性、规范性和延续性,提高风光资源开发利用效率,推进风电光伏发电项目加快建设。

2023年12月29日,河北省自然资源厅发布《关于规范海上光伏项目用海的通知》,明确用海方式和用海范围的界定,引导合理布局海上光伏项目,并严格审批、监管用海项目,有序推进海上光伏产业有序发展,提高海域资源有效利用,规范河北省海上光伏项目用海。

11　展望及建议

在国家及河北省"双碳"目标统领下，河北省将在风光资源排查、陆上新能源、海上风电、海上光伏、"千乡万村"驭风行动试点、开发区分布式新能源试点、抽水蓄能、新型储能、氢能等方面持续发力，实施专项行动，为清洁高效多元支撑的新型能源强省建设提供稳定支撑，扎实推进中国式现代化河北场景落地实施。

11.1 滚动性做好河北省风光资源排查

统筹考虑国土、林业、生态红线等土地条件，结合已建项目、在建项目、已批未建项目及储备项目，滚动性动态做好剩余新能源资源排查工作，建好资源台账，探索建立剩余资源规模容量预警机制，保障批复的项目能够顺利落地，推动河北省可再生能源行业健康可持续发展。

11.2 周期性做好新能源项目与电网资源的有效衔接

统筹考虑新能源项目容量、项目分布及建设时序，做好与电网条件的有效衔接，按照宜集中则集中、宜分散则分散的总体原则，在新能源项目储备出库后，统筹考虑区域项目总体情况，周期性动态完善和修编输电规划。

11.3 积极推进海上风电安全有序开发建设

统筹做好测风、地勘、水文观测、海底管线及地形测量、船舶通航安全影响等海上风电前期工作。统筹做好与国土空间规划衔接，同步规划、合理安排海上集中送出路由、登陆点，统筹做好海上风电组网及输电规划。按照海上风电项目资源配置办法，统筹场址资源划分和配置。促进相关装备制造及服务业集聚发展，加快海上风电运维、配套组装基地等全产业链建设。

11.4 稳妥科学推动海上光伏开发建设

海上光伏项目应符合各级国土空间规划和海岸带规划，严禁在生态保护红线、自然保护地、军事设施保护区及其他相关法律法规和规划明确禁止的区域内建设。同一海上光伏项目应集中紧凑布局，统筹设置和预留光伏电缆登陆通道及集中登陆点，减少占用海域。

11.5 扎实推动"千乡万村"驭风行动试点建设

在具备条件的县域农村地区，因地制宜、统筹谋划、试点先行，以村为单位，以各地农村风能资源和零散空闲土地资源为基础，统筹经济社会发展、生态环境保护、电网承载力和生产运行安全等，建成一批就地就近开发利用的风电项目，探索形成"村企合作"的风电投资建设新模式和"共建共享"的收益分配新机制，推动构建"村里有风电、集体增收益、村民得实惠"的风电开发利用新格局。

11.6 有序推动开发区分布式新能源试点建设

进一步加快分布式新能源高质量发展，发挥分布式光伏、分散式风电在促进工业领域绿色低碳转型方面的积极作用，加快实现工业领域能源安全可靠替代，按照试点先行、完善提升、全面推进总体思路，统筹当前和长远，根据开发区不同应用场景、不同产业用电负荷需求和未来产业项目布局，结合可开发资源及配电网实际，兼顾开发区用电需求和电网综合消纳能力，加快开发区分布式新能源高质量发展。

11.7　高质量推动抽水蓄能开发建设

在确保安全质量的前提下，督促项目建设单位合理安排工期，加快项目建设进度。加快推进纳规项目前期手续办理，加快推进纳规项目核准。统筹考虑站点水源条件、工程建设条件、环境制约等因素，优选一批对电力系统安全保障作用强、对新能源规模化发展促进作用大、经济指标相对优越的抽水蓄能站点纳规。

11.8　全面开展新型储能资源普查及示范推动

充分考虑并论证电网需求，统筹开展新型储能资源普查，明确新型储能与抽水蓄能的逻辑关系，科学论证并统筹推进新型储能应用模式和商业模式多元化发展。统筹推进电源侧储能项目建设，积极发展系统友好型新能源电站配套储能。统筹推动电网侧储能设施建设，在电网关键节点科学配置布局独立储能电站。统筹引导用户侧储能灵活发展，支持重要负荷用户储能建设，鼓励分散式储能应用。

11.9　推动氢能产业高质量发展

围绕制氢、储运加、燃料电池、应用示范和产业集聚发展、创新体系建设、标准体系建设等七个方面做好相关工作，推动氢能产业高质量发展，为河北省能源转型提供新的增长极。着力突破制氢新技术，着力解决储运加难题，着力加快燃料电池升级，着力打造氢能应用示范，推动氢能产业集聚发展，加强产业创新体系建设，引领氢能行业标准制定。

12　大事纪要

大事纪要

根据党的二十大报告提出的深入推进能源革命的要求，2023年，河北省制定《加快建设新型能源强省行动方案》（2023—2027年），提出建设"风、光、水、火、核、储、氢"多能互补的能源格局。河北省将全力实施风电光电、抽水蓄能、核电、火电、海上风电五大建设工程，建设清洁高效多元支撑的新型能源强省。到2027年，能源绿色转型取得明显成效；到2035年，基本建成清洁低碳、安全高效的新型能源体系。

2023年2月13日，邯郸经济技术开发区与中国能源工程集团签订项目合作协议，携手建设氢能系列产品研发生产项目。项目总投资24.2亿元，主要建设燃料电池发动机、燃料电池电堆、燃料电池电源、绿氢制取装备等生产线，助推邯郸市成为全国重要的氢能产业聚集基地。

2023年2月14日，首台国产HA级重型燃机在秦皇岛市顺利下线。此次首台国产HA级重型燃机的顺利下线，是国内重型燃气轮机生产制造技术水平的前沿突破，不仅为河北省打造低碳产业链提供了设备保障，在全国能源装备制造生产中也起到突出示范作用，是先进制造业加快推进国内能源转型的先锋代表。

2023年2月25日，业内首台氢能源机场摆渡车在河北大厂下线，这款摆渡车长14.5m、宽3m，可载客100余人，开发了氢—电联控系统来确保氢堆运行在高效区间，续航里程400km以上，可完成中大型机场20余次航班接送作业。

2023年3月2日，在保定满城区河北京车智能制造基地，国内首列氢燃料混合动力铰接轻轨车满载着京冀两地贵宾，驶离试行站台，正式下线。该车是"北京研发、河北制造"的示范项目，其成功下线标志着河北京车的氢能源技术成果在轨道车辆应用上真正落地，也将进一步推动京冀两地绿色装备制造和清洁能源利用。

2023年6月30日，河北省氢能产业创新联合体成立。为深入贯彻落实习近平总书记视察河北重要讲话精神，大力推进京津冀协同创新，在河北省科技厅、北京市科委、天津市科技局的共同指导下，由张家口市牵头，联合高校和科研机构组建联合体，围绕张家口国家可再生能源示范区建设，抢抓氢能产业发展重大机遇，围绕氢制备、储运、供能、动力、原料五大方向，推动氢能产学研用一体化发展，推动河北省及京津冀区域氢能产业创新生态和发展生态不断优化。

2023年8月14日,河北省人大常委会法制工作委员会发布《河北省新能源发展促进条例》(草案征求意见稿),后经修订于2023年11月1日起施行。条例提出,加快河北省新型能源强省建设,推动新能源开发利用,优化能源结构,保障能源安全,推进碳达峰碳中和,促进高质量发展。

2023年9月4日,河北省发布推广第一批可再生能源建筑应用典型案例,分别为:石家庄市霞光大剧院中水源热泵制冷制热项目、科林电气高端智能电力装备制造基地可再生能源综合利用项目、赵县空气源热泵分布式供热项目、邢台市任泽区地源热泵+空气源热泵耦合利用改造项目、中煤邯郸设计工程有限责任公司办公楼改造可再生能源综合利用项目、雄安高铁站站房屋顶分布式光伏发电项目。这些项目依据当地资源条件和系统末端需求,统筹技术可行、经济合理和安全可靠等要求,为各地提升可再生能源建筑应用水平提供了有益借鉴。

2023年9月22日,第二届中国(河北)新能源产业峰会在河北石家庄成功举办。会议立足河北省,主要围绕传统能源与新能源融合发展的现状、政策环境、市场机遇与挑战等内容展开探讨,布局新能源、助力乡村振兴与国家"双碳"目标、参与碳市场高质量发展的新动力,共同推进河北省新能源和乡村振兴事业的发展。

为推动河北新能源开发利用,促进绿色发展,河北省十四届人大常委会第五次会议表决通过了《河北省新能源发展促进条例》,于2023年11月1日起施行。条例对发展规划、开发利用、服务保障、法律责任等方面作出规范,通过综合施策,推进新能源"建、发、输、储、用"协调发展。

2023年11月24日,张北1000kV变电站扩建工程顺利通过启动调试并正式投运。该工程建成后,可完善华北区域特高压骨干网架送端电网结构,满足锡林郭勒盟、张家口地区风、光、火电源基地电力汇集与外送需要,提高向京津冀鲁、江苏等受端地区送电能力,提升受端电网绿色清洁电力消纳比例,提高系统安全稳定运行水平和电网抵御事故风险能力。

声 明

本报告内容未经许可，任何单位和个人不得以任何形式复制、转载。

本报告相关内容、数据及观点仅供参考，不构成投资等决策依据，河北省能源局、水电水利规划设计总院、河北省能源规划研究中心不对因使用本报告内容导致的损失承担任何责任。

本报告中部分数据因四舍五入的原因，存在总计与分项合计不等的情况。

本报告部分数据及图片引自国家发展和改革委员会、国家能源局等单位发布的文件，以及 2023 年全国电力工业统计快报、《中国可再生能源发展报告 2023 年度》、《2023 年中国风能太阳能资源年景公报》等报告统计数据，在此一并致谢！